南方电网可再生能源发展报告

（2020年）

南方电网能源发展研究院有限责任公司　编著

中国电力出版社
CHINA ELECTRIC POWER PRESS

图书在版编目（CIP）数据

南方电网可再生能源发展报告.2020年/南方电网能源发展研究院有限责任公司编著.—北京：中国电力出版社，2020.12

ISBN 978-7-5198-5184-2

Ⅰ.①南… Ⅱ.①南… Ⅲ.①再生能源—能源发展—研究报告—广东—2020 Ⅳ.①F426.2

中国版本图书馆CIP数据核字（2020）第241754号

出版发行：中国电力出版社
地　　址：北京市东城区北京站西街19号（邮政编码100005）
网　　址：http：//www.cepp.sgcc.com.cn
责任编辑：岳　璐（010-63412339）
责任校对：黄　蓓　郝军燕
装帧设计：张俊霞
责任印制：石　雷

印　　刷：北京瑞禾彩色印刷有限公司
版　　次：2020年12月第一版
印　　次：2020年12月北京第一次印刷
开　　本：787毫米×1092毫米　16开本
印　　张：6.75
字　　数：96千字
印　　数：0001—1000册
定　　价：56.00元

《南方电网可再生能源发展报告（2020年）》

编　写　组

组　长　黄豫

主笔人　雷成　邵冲　覃芸

成　员　潘旭东　聂金峰　罗义雲　罗启登　袁康龙

李岩　陈泽兴　刘平　曹毅　卓越

2019 年，全球可再生能源继续保持快速增长，可再生能源发电装机 26.57 亿 kW，发电量突破 7 万亿 kWh。中国可再生能源规模持续扩大，可再生能源发电装机 7.94 亿 kW，发电量超过 2 万亿 kWh。南方五省区可再生能源发电装机 1.67 亿 kW，发电量 5400 亿 kWh。2019 年，中国南方电网有限责任公司积极开展清洁能源消纳专项行动，充分发挥大电网资源配置平台作用，全力促进清洁能源消纳。南方五省区水能利用率达到 99.6%，超额完成国家下达的控制目标；风电、光伏发电利用率均超过 99.7%，基本实现全额消纳；非化石能源发电量占比 52.9%，远高于全国平均水平。

《南方电网可再生能源发展报告（2020 年）》对 2019 年水电、风电、光伏发电、生物质发电等主要可再生能源主体建设投产规模、消纳、成本、电价、政策、技术发展、存在问题等基本情况进行统计分析，对分布式新能源发展、新能源平价上网等热点问题进行深入研究，探讨了可再生能源未来发展趋势，提出相关技术和政策建议。

《南方电网可再生能源发展报告（2020 年）》是南方电网能源发展研究院有限责任公司年度系列专题研究报告之一。编著本报告，旨在为能源电力行业业内人士、关心可再生能源发展的专家、学者和社会人士提供参考。

本报告在编写过程中，得到了南方电网公司战略规划部、计划与财务部、系统运行部等部门的悉心指导，在此表示最诚挚的谢意！

鉴于水平有限，报告难免有疏漏及不足之处，敬请批评指正！

编　者

2020 年 9 月

目录
CONTENTS

第 1 章

可再生能源发展总体情况

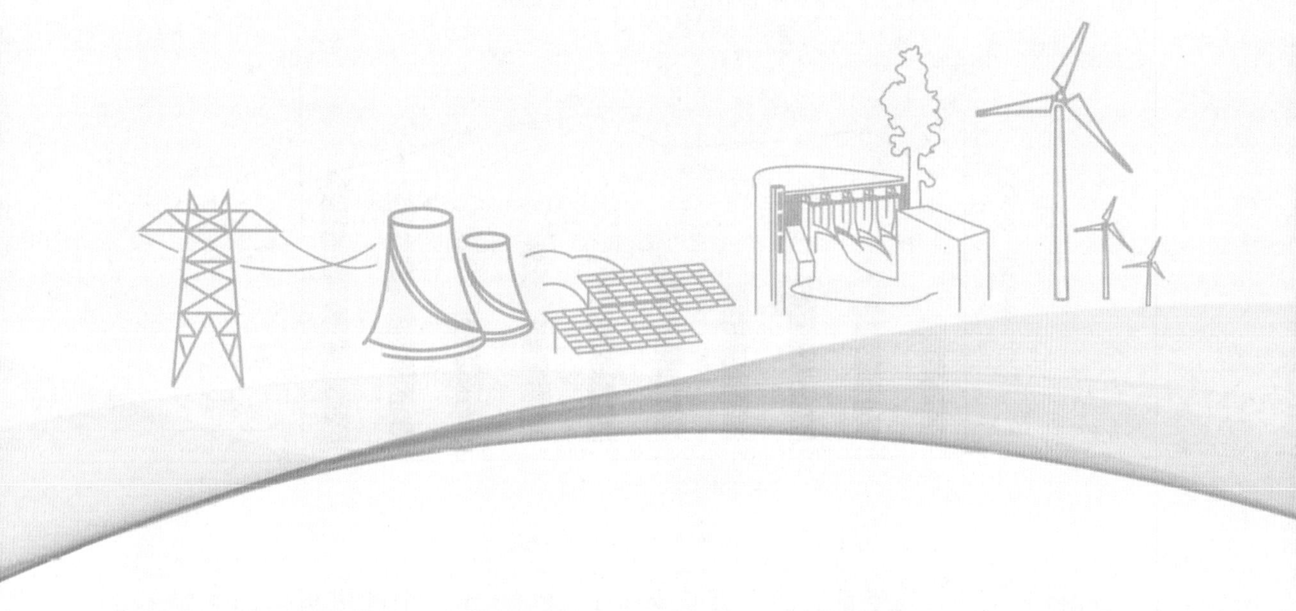

1.1 全球可再生能源发展情况

可再生能源新增装机以风光为主。2019 年，全球可再生能源发电新增装机容量 1.81 亿 kW[1]，其中水电（含抽蓄）新增装机容量 1500 万 kW，风电新增装机容量 5900 万 kW，太阳能发电（含光伏、光热）新增装机容量 10 040 万 kW，其他可再生能源新增装机容量 660 万 kW，风电、太阳能发电新增装机容量占比接近 88%。2019 年底，全球可再生能源发电总装机容量 26.57 亿 kW，同比增长 7.3%，其中水电（含抽水蓄能）装机容量 13.10 亿 kW，风电装机容量 6.23 亿 kW，太阳能发电装机容量 5.86 亿 kW，其他可再生能源装机容量 1.38 亿 kW。全球可再生能源装机容量及增速如图 1-1 所示。

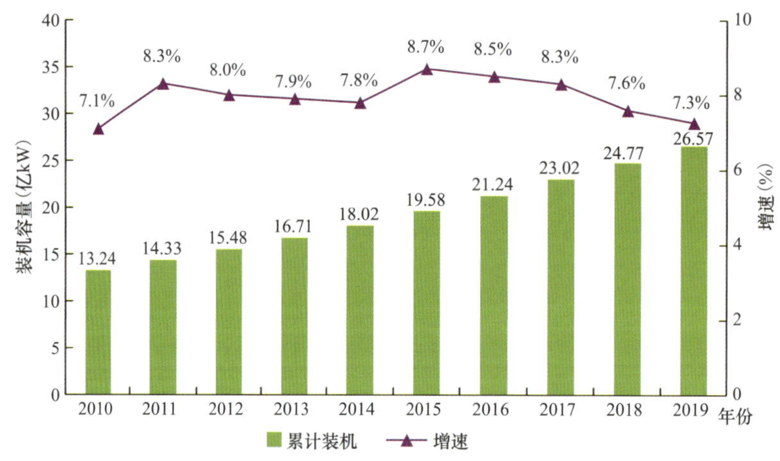

图 1-1　全球可再生能源装机容量及增速

可再生能源年发电量突破 7 万亿 kW·h。2019 年，全球可再生能源发电量 7.03 万亿 kW·h，同比增长 5.4%。其中，水电发电量 4.26 万亿 kW·h，与 2018 年基本持平，占比 60.6%；风电发电量 1.41 万亿 kW·h，同比增长 11.4%，占比 20.1%；太阳能发电量 0.71 万亿 kW·h，同比增长 20.3%，占比

[1] 数据来源：IRENA，Renewable Capacity Statistics 2020。

10.1%；其他可再生能源发电量 0.65 万亿 kW·h，同比增长 2.6%，占比 9.2%。全球可再生能源发电量及增速如图 1-2 所示，全球分种类可再生能源发电量占比如图 1-3 所示。

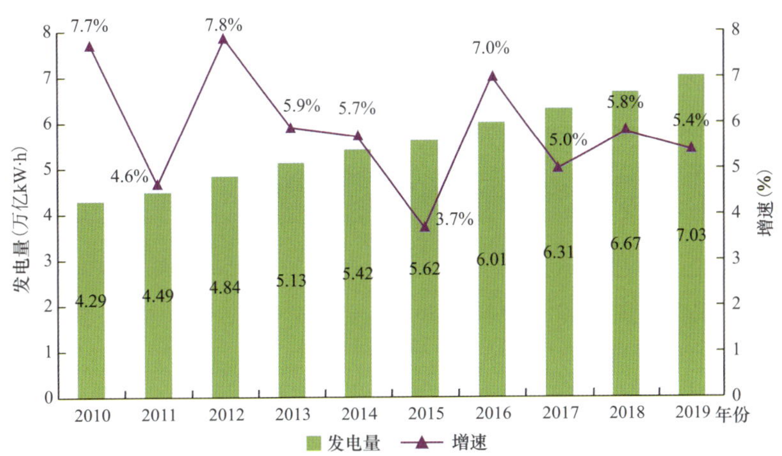

图 1-2　全球可再生能源发电量及增速

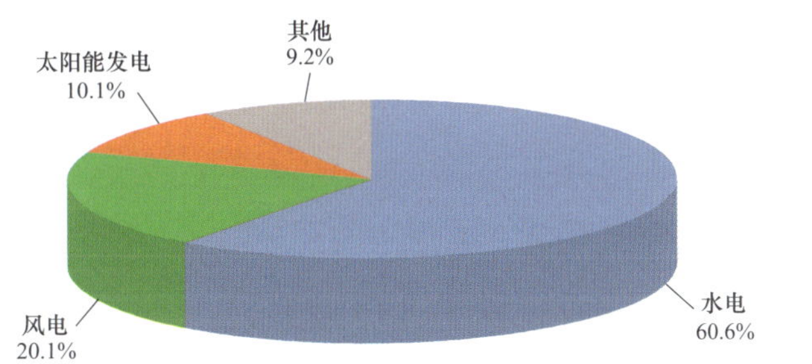

图 1-3　全球分种类可再生能源发电量占比

1.2　我国可再生能源发展情况

1.2.1　开发建设[1]

可再生能源装机规模持续扩大，风光发电首次“双双”突破 2 亿 kW。2019 年

[1] 数据来源：中国电力企业联合会，全国电力工业统计快报。

年底，我国可再生能源装机容量规模 7.94 亿 kW，同比增长 8.9%。其中水电（含抽水蓄能）装机容量 3.56 亿 kW、风电装机容量 2.10 亿 kW、光伏发电装机容量 2.04 亿 kW、生物质发电装机容量 2254 万 kW。可再生能源发电装机约占全部电源装机的 39.5%，同比上升 1.1 个百分点。我国可再生能源发电装机情况如表 1-1 所示，2019 年我国电源装机结构如图 1-4 所示。

表 1-1　　我国可再生能源发电装机情况　　单位：万 kW

项目名称	2010 年	2015 年	2016 年	2017 年	2018 年	2019 年
1. 电源总装机容量	**96 219**	**150 673**	**164 575**	**177 703**	**189 967**	**201 066**
2. 可再生能源发电装机容量	**28 471**	**50 046**	**57 042**	**64 988**	**72 897**	**79 367**
（1）水电	21 340	31 937	33 211	34 119	35 226	35 640
（2）风电	3107	12 830	14 864	16 367	18 426	21 005
（3）光伏发电	26	4158	7742	13 025	17 463	20 468
（4）生物质发电	550	1120	1225	1476	1781	2254
3. 可再生能源发电装机占比	**26.0%**	**33.2%**	**34.7%**	**36.6%**	**38.4%**	**39.5%**
（1）水电	22.2%	21.2%	20.2%	19.2%	18.5%	17.7%
（2）风电	3.2%	8.5%	9.0%	9.2%	9.7%	10.4%
（3）光伏发电	0.0%	2.8%	4.7%	7.3%	9.2%	10.2%
（4）生物质发电	0.6%	0.7%	0.7%	0.8%	0.9%	1.1%

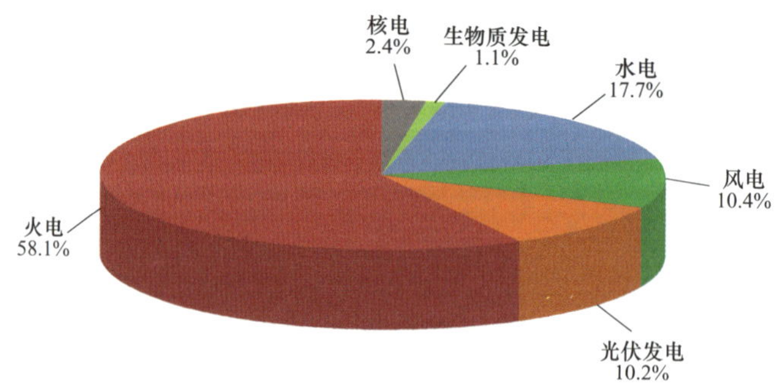

图 1-4　2019 年我国电源装机结构图

水电装机稳步增长。2019年，我国水电装机3.56亿kW，新增装机容量414万kW，同比增长1.1%，增速下降2.1个百分点。分区域看，西南和华中地区水电装机容量规模合计2.41亿kW，占全国水电装机的67.7%，与2018年基本持平。我国水电装机情况如表1-2所示。

表1-2　我国水电装机情况　单位：万kW

项目名称	2010年	2015年	2016年	2017年	2018年	2019年
1. 全国水电总装机容量	**21 340**	**31 937**	**33 211**	**34 119**	**35 226**	**35 640**
其中：西南	7468	15 574	16 274	16 913	17 615	17 786
华中	5164	6075	6228	6256	6301	6360
2. 装机占比						
其中：西南	35.0%	48.8%	49.0%	49.6%	50.0%	49.9%
华中	24.2%	19.0%	18.8%	18.3%	17.9%	17.8%
3. 全国水电新增装机容量	**1660**	**1754**	**1274**	**908**	**1107**	**414**
其中：西南	846	1478	700	639	702	171
华中	341	911	153	28	45	59
4. 新增装机占比						
其中：西南	51.0%	84.3%	54.9%	70.4%	63.4%	41.2%
华中	20.5%	3.3%	12.0%	3.1%	4.0%	14.2%

注：西南地区包括四川、重庆、云南、贵州、西藏；华中地区包括河南、湖北、湖南、江西。

风电装机规模不断扩大。2019年，我国风电新增装机2579万kW，其中陆上风电新增装机容量2430万kW、海上风电新增装机容量149万kW。2019年年底，我国风电装机容量2.1亿kW，同比增长14.0%，其中陆上风电装机2.04亿kW，同比增长13.5%；海上风电装机593万kW，同比增长33.4%。分区域看，“三北”地区（西北、华北、东北，下同）风电装机规模合计1.33亿kW，占全国风电装机比重从2010年的82.7%下降至63.5%；中东部（不含山西、北京、天津、河北，下同）风电总装机容量规模5671万kW，占比从

2010年的16.2%提高至27.0%。我国风电装机分布如图1-5所示。

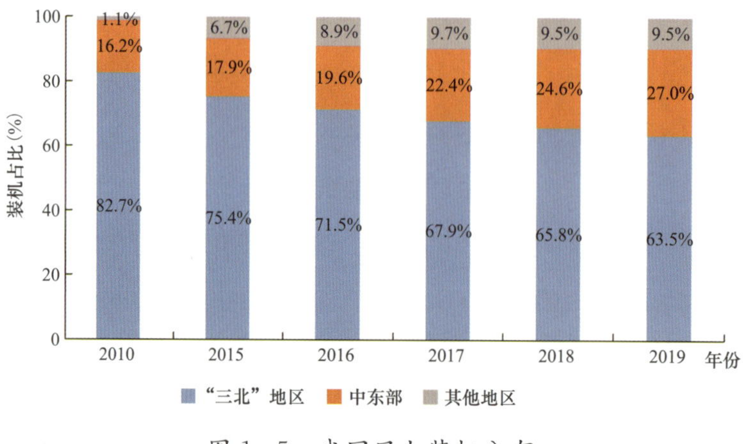

图1-5　我国风电装机分布

光伏发电装机快速增长。2019年，我国光伏发电新增装机容量3005万kW，其中集中式光伏新增装机容量1785万kW、分布式光伏新增装机容量1220万kW。2019年年底，我国光伏发电装机容量2.04亿kW，同比增长17.3%，其中集中式光伏装机容量1.42亿kW，同比增长14.4%；分布式光伏装机容量6281万kW，同比增长24.1%。分区域看，“三北”地区光伏发电装机容量规模合计9711万kW，占全国光伏发电装机比重从2015年的70.6%下降至47.4%；中东部光伏发电总装机容量规模9374万kW，占比从2015年的26.4%提高至45.8%。我国光伏发电装机分布如图1-6所示。

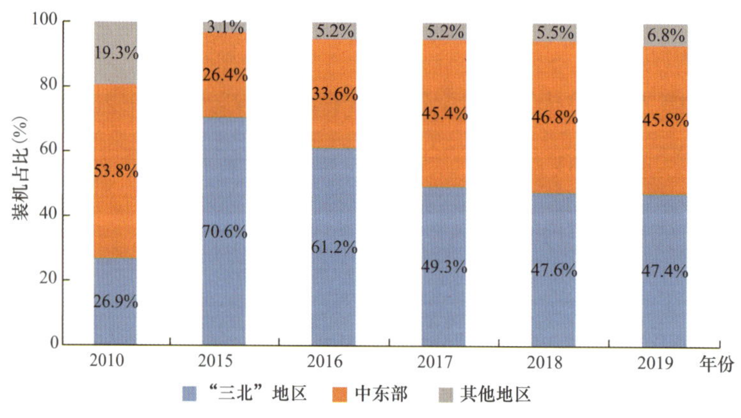

图1-6　我国光伏发电装机分布

1.2.2　运行消纳❶

可再生能源年发电量突破 2 万亿 kW·h。2019 年，我国可再生能源发电量 2.04 万亿 kW·h，同比增长 9.4%，可再生能源发电量占总发电量比重为 27.9%，同比上升 1.2 个百分点。其中，水电 1.3 万亿 kW·h，同比增长 5.7%；风电 4057 亿 kW·h，同比增长 10.9%；光伏发电 2238 亿 kW·h，同比增长 26.1%；生物质发电 1111 亿 kW·h，同比增长 20.4%。风光发电量占总发电量比重为 8.6%，同比上升 0.8 个百分点。我国可再生能源发电量情况如表 1-3 所示，2019 年我国电源发电量结构如图 1-7 所示。

表 1-3　　我国可再生能源发电量情况　　单位：亿 kW·h

项目名称	2010 年	2015 年	2016 年	2017 年	2018 年	2019 年
1. 电源总发电量	**42 280**	**56 045**	**59 897**	**64 179**	**69 940**	**73 253**
2. 可再生能源发电量	**7613**	**13 896**	**15 512**	**16 978**	**18 670**	**20 424**
（1）水电	6863	11 143	11 807	11 945	12 329	13 019
（2）风电	501	1851	2410	3057	3660	4057
（3）光伏	1	383	662	1182	1775	2238
（4）生物质	248	519	634	795	906	1111
3. 可再生能源发电量占比	**18.0%**	**24.8%**	**25.9%**	**26.5%**	**26.7%**	**27.9%**
（1）水电	16.2%	19.9%	19.7%	18.6%	17.6%	17.8%
（2）风电	1.2%	3.3%	4.0%	4.8%	5.2%	5.5%
（3）光伏	0.0%	0.7%	1.1%	1.8%	2.5%	3.1%
（4）生物质	0.6%	0.9%	1.1%	1.2%	1.3%	1.5%

❶ 数据来源：中国电力企业联合会，全国电力工业统计快报。

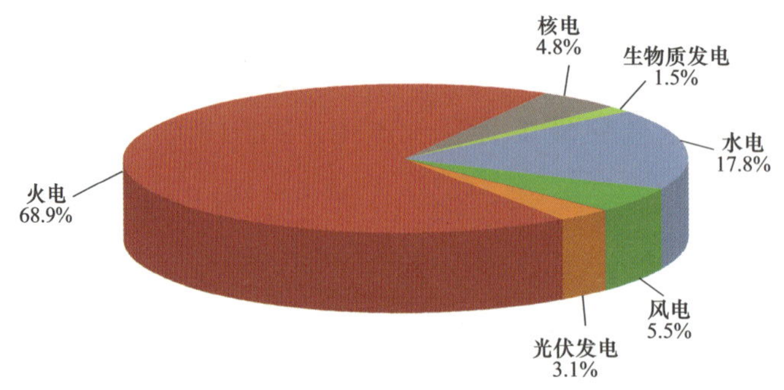

图1-7　2019年我国电源发电量结构图

2019年，我国水电平均利用小时数3726h，同比增加113h；风电平均利用小时数2082h，与2018年基本持平，有14个省（区、市）风电平均利用小时数超过2000h；光伏发电平均利用小时数1285h，增加73h；生物质发电平均利用小时数5181h，下降263h。2018—2019年我国可再生能源发电平均利用小时数如图1-8所示。

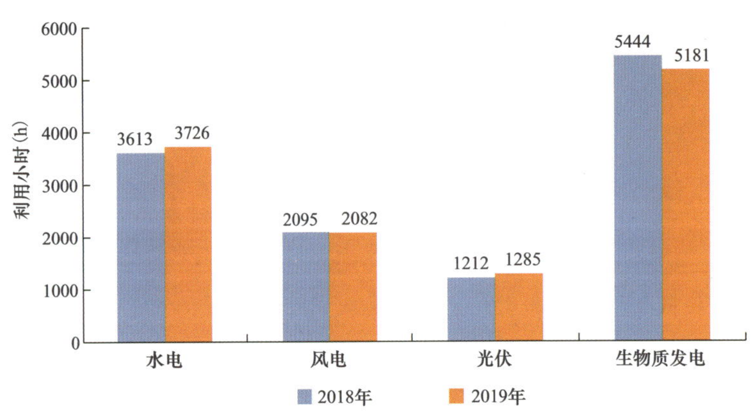

图1-8　2018—2019年我国可再生能源发电平均利用小时数

可再生能源利用水平不断提高，弃电量大幅下降。2019年，全国理论弃水电量300亿kW·h，同比减少391亿kW·h，平均水能利用率达到97.7%，同比提高3个百分点。全国理论弃风电量169亿kW·h，同比减少108亿kW·h，理论弃风率4.0%，同比下降3个百分点，全国弃风率超

过 5%的省（区）为新疆、甘肃、内蒙古。全国理论弃光电量 46 亿 kW·h，同比减少 9 亿kW·h，理论弃光率 2.0%，同比下降 1 个百分点，弃光主要集中在西藏、新疆、甘肃、青海等地区。2017—2019 年我国理论弃水弃风弃光情况如表 1-4 所示。

表 1-4　　2017—2019 年我国理论弃水弃风弃光情况　　单位：亿 kWh

指标	2017 年	2018 年	2019 年
1. 弃电量			
（1）弃水量	515	691	300
（2）弃风量	419	277	169
（3）弃光量	73	55	46
2. 弃电率			
（1）弃水率	4.1%	5.3%	2.3%
（2）弃风率	12.0%	7.0%	4.0%
（3）弃光率	5.8%	3.0%	2.0%

1.3　南方五省区可再生能源发展情况

1.3.1　开发建设

可再生能源装机规模持续增大。2019 年年底，南方五省区可再生能源发电装机容量 1.67 亿 kW，同比增长 6.6%，占全国可再生能源发电装机比重 21.0%；2019 年新增可再生能源发电装机容量 1038 万 kW，占所有新增电源的 55.8%。南方五省区可再生能源发电装机及增速情况如表 1-5 和图 1-9 所示。

表 1-5　　南方五省区可再生能源发电装机情况　　单位：万 kW

项目名称	2010 年	2015 年	2016 年	2017 年	2018 年	2019 年
1. 五省区可再生能源总装机容量	**6962**	**12 532**	**13 372**	**14 407**	**15 647**	**16 685**
（1）广东	1343	1736	1880	2267	2625	2880
（2）广西	1497	1721	1779	1950	2052	2158
（3）云南	2480	6525	7045	7356	7845	8103
（4）贵州	1540	2393	2508	2635	2797	3210
（5）海南	102	157	160	199	327	333
2. 占全国比重	**27.8%**	**25.0%**	**23.4%**	**22.2%**	**21.5%**	**21.0%**
（1）广东	5.4%	3.5%	3.3%	3.5%	3.6%	4.0%
（2）广西	6.0%	3.4%	3.1%	3.0%	2.8%	3.0%
（3）云南	9.9%	13.0%	12.4%	11.3%	10.8%	11.1%
（4）贵州	6.2%	4.8%	4.4%	4.1%	3.8%	4.4%
（5）海南	0.4%	0.3%	0.3%	0.3%	0.4%	0.5%

图 1-9　南方五省区可再生能源装机及增速

风光发电装机占比不断提高。2019 年年底，南方五省区可再生能源发电装机占电源总装机的 48.1%，同比上升 0.3 个百分点。其中水电占比 36.0%，同

比下降 1.5 个百分点；风光发电占比 11.1%，同比上升 1.6 个百分点。南方五省区电源装机结构如图 1 - 10 所示。

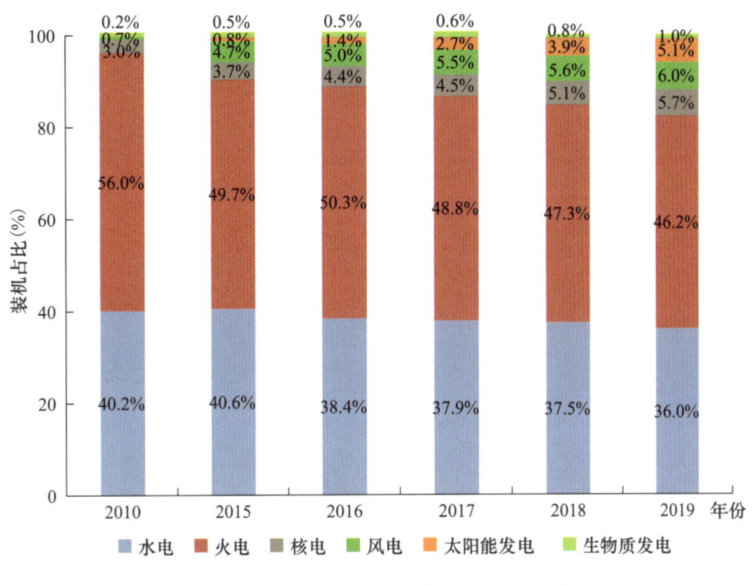

图 1 - 10　南方五省区电源装机结构图

云南、贵州、广西可再生能源装机占比超过全国平均水平。云南可再生能源发电装机占比 84.5%，在全国处于领先水平；贵州、广西可再生能源发电装机占比分别达到 48.6%、46.8%，超过全国平均水平。2019 年南方五省区可再生能源发电装机占比如图 1 - 11 所示。

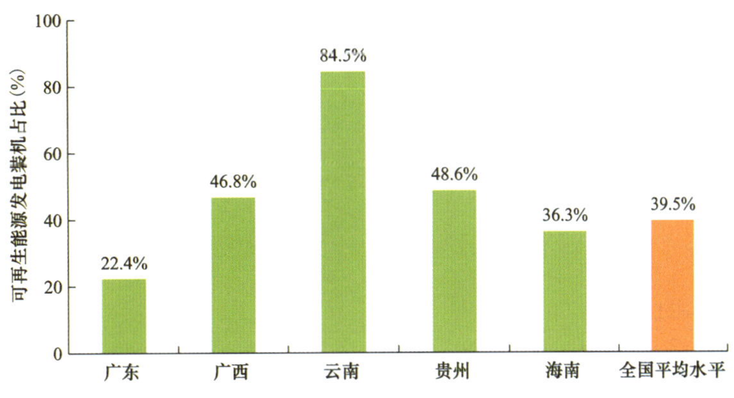

图 1 - 11　2019 年南方五省区可再生能源发电装机占比

1.3.2 运行消纳

可再生能源发电量进一步增加。2019 年，南方五省区可再生能源发电量 5400 亿 kW·h，同比增加 385 亿 kW·h，占总发电量的 42.4%，与 2018 年基本持平。其中，非水可再生能源发电量 767 亿 kW·h，同比增加 150 亿 kW·h，占总发电量的 6.0%，同比上升 0.8 个百分点。南方五省区可再生能源、非水可再生能源发电量及占比分别如图 1-12 和图 1-13 所示。

图 1-12　南方五省区可再生能源发电量及占比

图 1-13　南方五省区非水可再生能源发电量及占比

南方五省区可再生能源电力消纳比重保持世界领先。2019 年，南方五省区可再生能源电力实际消纳 5236 亿 kW·h，占全社会用电量比重 42.1%，同比上升 0.4 个百分点，超出我国平均水平（27.5%）和全球平均水平（26.0%）15 个百分点，高于欧盟（34.6%）、美国（18.4%）、印度（18.6%）等国家和地区[1]。2019 年南方五省区可再生能源电力消纳情况如表 1-6 所示，世界主要能源消费地区可再生能源电力消纳比重如图 1-14 所示。

表 1-6　2019 年南方五省区可再生能源电力消纳情况

省区	可再生能源电力消纳量（亿 kW·h）	可再生能源电力消纳比重（%）	2019 年最低消纳责任权重（%）	完成情况（%）
广东	2308	34.4	28.5	5.9
广西	824	43.1	45.5	－2.4
云南	1503	82.9	80.0	2.9
贵州	549	35.6	31.5	4.1
海南	52	14.5	11.0	3.5

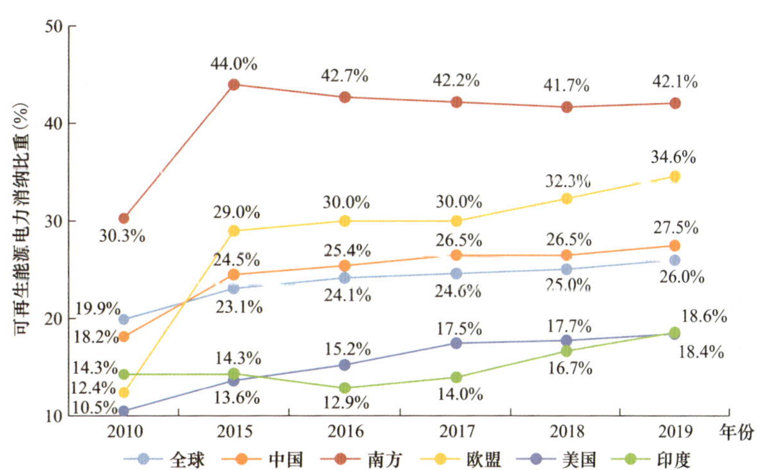

图 1-14　世界主要能源消费地区可再生能源电力消纳比重对比

[1] 数据来源：IRENA，Renewable Capacity Statistics 2020。

五省区非水电可再生能源电力消纳比重提升明显，但仍低于我国平均水平。2019 年，南方五省区非水电可再生能源电力消纳量 813 亿 kW·h，占全社会用电量比重 6.5%，同比上升 1.0 个百分点，低于我国平均水平（10.2%）3.7 个百分点，落后于欧盟（24.0%）、美国（11.4%）、印度（9.5%）等国家和地区。2019 年南方五省区非水电可再生能源电力消纳情况如表 1-7 所示，世界主要能源消费地区非水可再生能源电力消纳比重对比如图 1-15 所示。

表 1-7　　2019 年南方五省区非水电可再生能源电力消纳情况

省区	非水可再生能源电力消纳量（亿 kW·h）	非水可再生能源电力消纳比重（%）	2019 年最低消纳责任权重（%）	完成情况（%）
广东	286	4.2	3.5	+0.7
广西	126	6.5	4.5	+2.0
云南	296	16.3	11.5	+4.8
贵州	81	5.2	5.0	+0.2
海南	24	6.8	5.0	+1.8

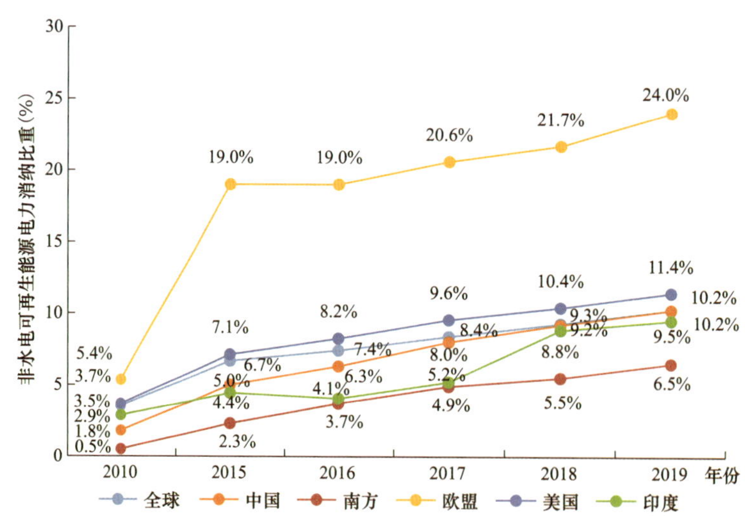

图 1-15　世界主要能源消费地区非水可再生能源电力消纳比重对比

水能利用率大幅提高，基本解决弃水问题。2019 年，南方五省区理论弃水

电量 17 亿 kW·h，同比减少 158 亿 kW·h，水能利用率达 99.6%，同比提高 3.4 个百分点，基本解决云南水电消纳困难问题。

风光基本实现全额消纳。2019 年，风电、光伏发电利用率均超过 99.7%，基本实现全额消纳；云南、贵州局部存在弃风，理论弃风电量 0.92 亿 kW·h，同比减少 0.99 亿 kW·h；云南、贵州局部存在弃光，理论弃光电量 0.27 亿 kW·h，与去年持平。

1.4　发展政策

推进可再生能源平价上网，促进可再生能源持续健康发展。2020 年 1 月，财政部、国家发展改革委、国家能源局印发**《关于促进非水可再生能源发电健康发展的若干意见》（财建〔2020〕4 号）**和**《可再生能源电价附加资金管理办法》（财建〔2020〕5 号）**，规范可再生能源电价附加补助资金管理，提出以收定支原则，合理确定各类需补贴的可再生能源发电项目新增装机规模，明确新增海上风电和光热项目不再纳入中央财政补贴范围。持续推动陆上风电、光伏电站、工商业分布式光伏价格退坡。通过定额补贴方式，支持“自发自用、余电上网”模式的户用分布式光伏发展。

建立健全可再生能源消纳保障长效机制。2019 年 5 月，国家发展改革委、国家能源局印发**《关于建立健全可再生能源电力消纳保障机制的通知》（发改能源〔2019〕807 号）**，对各省级行政区域内的电力消费规定了最低的可再生能源消纳责任权重指标，由各类从事售电业务的企业及所有电力消费者共同承担消纳责任，要求各市场主体的售电量（或用电量）均须达到所在省级行政区域的可再生能源电力消纳责任权重，以此形成引领可再生能源电力消费的长效机制，促进清洁低碳、安全高效的现代能源体系建设。

2020 年 2 月，国家发展改革委、国家能源局印发**《关于印发省级可再生能源电力消纳保障实施方案编制大纲的通知》（发电办能源〔2020〕181 号）**，各省（区、市）能源主管部门按照国家明确的消纳责任权重，对本行政区域内承担消纳责任的各市场主体，明确最低可再生能源电力消纳责任权重，并按责任权重进行考核，对未完成的市场主体进行督促落实，并依法依规予以处理。消纳责任权重主要履行方式为购买或自发自用可再生能源电力，补充履行方式为购买其他市场主体超额完成的消纳量或绿色电力证书。

2020 年 4 月，国家能源局发布《**中华人民共和国能源法（征求意见稿）**》，以法律的形式确立可再生能源消纳保障制度，规定各省、自治区、直辖市全社会用电量中消纳可再生能源发电量的最低比重指标。供电、售电企业以及参与市场化交易的电力用户应当完成所在区域最低比重指标。未完成消纳可再生能源发电量最低比重的市场主体，可以通过市场化交易方式向超额完成的市场主体购买额度履行义务。

2020 年 5 月，国家能源局发布《**关于建立健全清洁能源消纳长效机制的指导意见（征求意见稿）**》，提出五个方面的长效机制，要求构建以消纳为核心的清洁能源发展机制，科学确定清洁能源利用率，完善辅助服务、电力市场等体制机制，提升电力系统调节能力，清洁能源项目与配套电网工程要同步规划、同步建设、同步运行。

2020 年 6 月，国家发展改革委、国家能源局印发《**关于印发各省级行政区域 2020 年可再生能源电力消纳责任权重的通知**》**（发改能源〔2020〕767 号）**，明确各省级行政区域 2020 年可再生能源电力消纳责任权重，电网公司按照消纳责任权重组织调度运行部门和交易机构等，做好可再生能源电力并网消纳、跨省跨区域输送和各类市场交易。南方五省区 2020 年可再生能源电力消纳责任权重如附录 A 所示。

完善风电光伏建设、监测机制，优化运营环境，引导风电、光伏产业有序发展。2020 年 3 月，国家能源局印发《**2020 年度风电投资监测预警结果**》和《**2019 年度光伏发电市场环境监测评价结果**》**的通知（国能发新能〔2020〕24 号）**，2020 年风电投资监测预警结果中，南方五省区均为绿色；2019 年光伏发

电市场环境监测评价结果中，云南为橙色，其他四省区均为绿色。南方五省区2016—2019 年风电、光伏监测预警结果如附录 B 所示。

2020 年 3 月，国家能源局印发《**关于 2020 年风电、光伏发电项目建设有关事项的通知**》（**国能发新能〔2020〕17 号**），要求国家电网有限公司、中国南方电网有限责任公司、内蒙古电力公司会同新能源消纳监测预警中心及时测算论证经营区域内各省级区域 2020 年风电、光伏发电新增消纳能力，以电网消纳能力为依据合理安排新增核准（备案）项目规模。

2020 年 5 月，全国新能源消纳监测预警中心发布 **2020 年风电、光伏发电新增消纳能力的公告**，南方电网经营区 2020 年风电、光伏发电合计新增消纳能力 1360 万 kW，其中风电 620 万 kW、光伏发电 740 万 kW。南方五省区 2020 年风电、光伏发电新增消纳能力情况如附录 C 所示。

1.5　发展展望

可再生能源是我国能源绿色低碳转型的重要推动力，规模还将持续快速增长。我国可再生能源资源丰富，产业链供应链较为完整、技术先进，光伏产业已占据全球 70%以上的市场份额，整体处于世界领先水平。“十四五”是推动能源转型和绿色发展的重要窗口期，也是陆上风电和光伏发电全面实现无补贴平价上网的关键时期。要充分发挥可再生能源绿色低碳、技术、成本竞争优势，大力发展可再生能源，提高我国能源自主保障能力，加速推进能源转型，构建清洁低碳、安全高效的现代能源体系。

南方五省区可再生能源成为新增电源主力，未来仍将稳步增长。南方五省区后续水电开发难度加大、开发速度将放缓，陆上风电和光伏发电在技术进步和规模化应用的推动下逐步进入平价上网时代，规模将稳步增长，海上风电在国家补贴退出后将稳妥推进。预计 2020 年南方五省区可再生能源装机总规模将达到 1.89 亿 kW，占总电源装机比重 50.0%，同比增加 2175 万 kW，新增规模占总新增电源规模的 70.4%。结合能源生产和消费革命战略目标以及能源转型要求，预计 2025 年可再生能源装机达到 2.56 亿 kW，“十四五”年均增长 6.3%，受水电开发放缓影响，增速呈逐步下降趋势。南方五省区 2020 年和 2025 年可再生能源装机规模预测如图 1-16 所示。

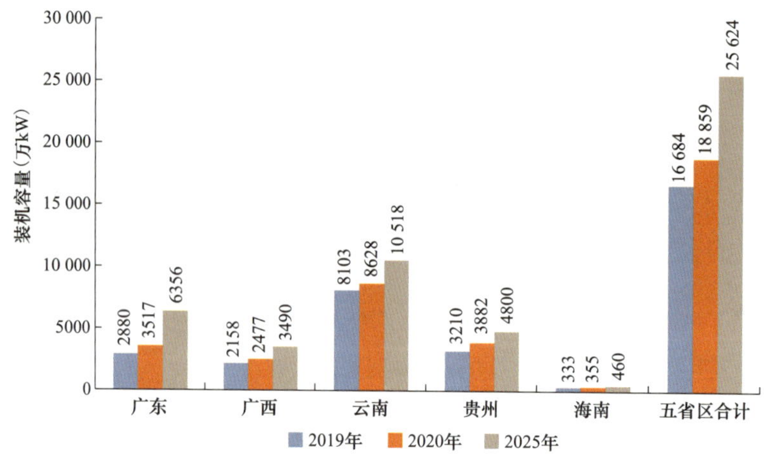

图 1-16　南方五省区 2020 年和 2025 年可再生能源装机规模预测

第 2 章

水 电

2.1 开发建设

五省区水电装机稳步增长，占全国比重小幅上升。2019年年底，南方五省区水电（含抽蓄）总装机容量12 507万kW，比2018年增加240万kW，同比增长2.0%，增速下降3.1个百分点，占全国水电总装机容量的35.1%，同比提高0.3个百分点。南方五省区水电（含抽水蓄能）装机容量及增速情况分别如表2-1和图2-1所示。

表2-1　　南方五省区水电（含抽水蓄能）装机容量　　单位：万kW

项目名称	2010年	2015年	2016年	2017年	2018年	2019年
1. 五省区水电总装机容量	**6805**	**10 929**	**11 344**	**11 669**	**12 268**	**12 507**
（1）广东	1260	1355	1411	1486	1576	1576
（2）广西	1494	1645	1665	1669	1677	1681
（3）云南	2435	5782	6088	6281	6649	6873
（4）贵州	1540	2056	2089	2119	2212	2223
（5）海南	75	92	91	114	154	154
2. 占全国比重	**31.9%**	**34.2%**	**34.2%**	**34.2%**	**34.8%**	**35.1%**
（1）广东	5.9%	4.2%	4.2%	4.4%	4.5%	4.4%
（2）广西	7.0%	5.2%	5.0%	4.9%	4.8%	4.7%
（3）云南	11.4%	18.1%	18.3%	18.4%	18.9%	19.3%
（4）贵州	7.2%	6.4%	6.3%	6.2%	6.3%	6.2%
（5）海南	0.4%	0.3%	0.3%	0.3%	0.4%	0.4%

五省区“十三五”水电规划执行情况较好。2019年底，广东、贵州、海南水电装机容量分别为1576万、2223万、154万kW，均已达到“十三五”规划

目标，其中贵州超过规划目标 123 万 kW。广西、云南水电装机容量均达到规划目标的 98%。南方五省区水电（含抽水蓄能）规划目标及完成情况如图 2-2 所示。

图 2-1　南方五省区水电（含抽水蓄能）装机容量及增速

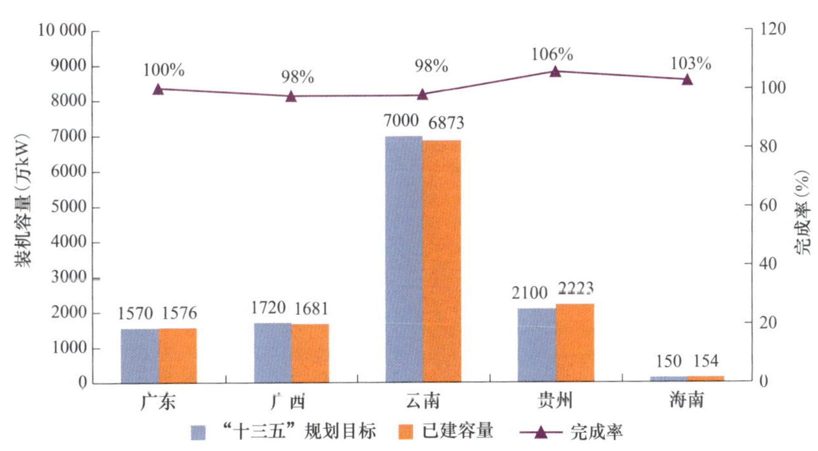

图 2-2　南方五省区水电（含抽水蓄能）规划目标及完成情况

广东、贵州、海南水电资源已开发规模接近技术可开发量。2019 年底，广东、海南常规水电容量已达到技术可开发量的峰值；贵州、广西水电开发比例分别为 97%、89%，乌江、南盘江、红水河等干流梯级水电已基本开发，大藤峡电站正在建设；云南水电开发比例 65%，金沙江梯级电站除上游旭龙、奔子栏及中游龙盘、两家人电站尚未开发，澜沧江梯级电站除上游古水、下游橄榄坝、勐松电站尚未开发外，其余电站均已投运或在建，怒江受生态环保等因素影响尚未开发。五省区常规水电开发情况如表 2 - 2 和图 2 - 3 所示。

表 2 - 2　2019 年底南方五省区大型流域电站开发情况　单位：万 kW

流域	规划开发容量（含界河电站）	已投运电站容量	开发比例（%）
金沙江	7319	3537	48.3
澜沧江	2523	2035	80.7
怒江	1863	0	0
红水河	1245	1085	87.1
乌江	876	876	100.0
合计	13 826	7533	54.5

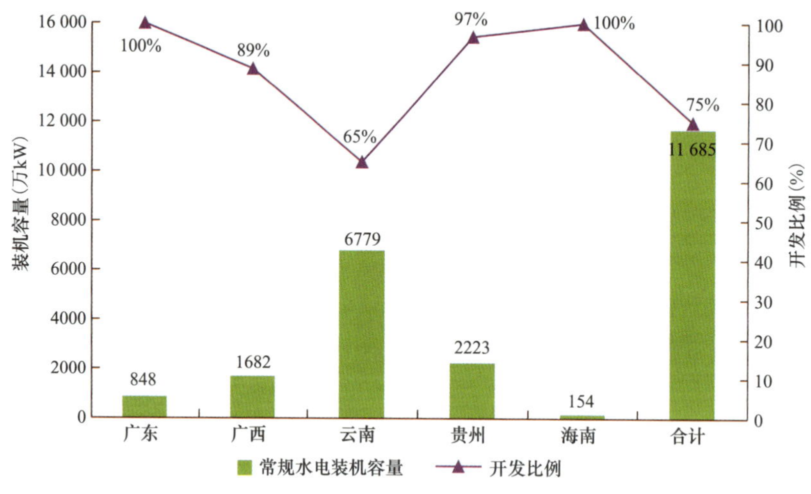

图 2 - 3　2019 年底南方五省区常规水电装机容量及开发比例

云南、广西、贵州常规水电装机占总电源装机比重超过全国平均水平。 2019 年底，南方五省区常规水电装机占总装机的 33.9%，同比下降 1.2 个百分点，高于全国水电装机占比（16.2%）。其中，云南水电装机占比最高、达

71.6%，广西、贵州装机占比分别为36.4%、33.7%，超过全国平均水平。南方五省区常规水电装机占比如图2-4所示。

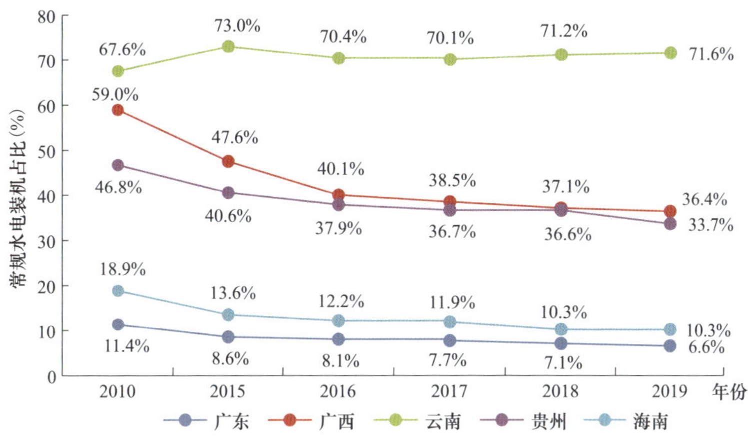

图2-4 南方五省区常规水电装机占比

2.2 运行消纳

水电发电量持续增加。2019年，南方五省区水电发电量4633亿kW·h，同比增加235亿kW·h，同比增长5.3%。占全国水电总发电量的35.6%，与2018年基本持平，比2010年提高7.2个百分点。南方五省区水电发电量情况如表2-3所示。

表2-3 南方五省区水电发电量情况 单位：亿kW·h

项目名称	2010年	2015年	2016年	2017年	2018年	2019年
1. 五省区水电总发电量	**1947**	**4064**	**4041**	**4177**	**4398**	**4633**
(1) 广东	268	284	423	301	292	397
(2) 广西	475	762	600	614	609	593
(3) 云南	814	2177	2268	2502	2699	2856
(4) 贵州	369	827	727	733	770	769
(5) 海南	20	15	23	26	27	17

续表

项目名称	2010年	2015年	2016年	2017年	2018年	2019年
2. 占全国比重	**28.4%**	**36.5%**	**34.2%**	**35.0%**	**35.7%**	**35.6%**
(1) 广东	3.9%	2.5%	3.6%	2.5%	2.4%	3.0%
(2) 广西	6.9%	6.8%	5.1%	5.1%	4.9%	4.6%
(3) 云南	11.9%	19.5%	19.2%	20.9%	21.9%	21.9%
(4) 贵州	5.4%	7.4%	6.2%	6.1%	6.2%	5.9%
(5) 海南	0.3%	0.1%	0.2%	0.2%	0.2%	0.1%

云南、贵州、广西水电发电量占总发电量比重超过全国平均水平。2019年，南方五省区水电发电量占总发电量的36.4%，同比下降0.6个百分点，仍超过全国水电发电量占比18.6个百分点。云南、贵州、广西水电发电量占比分别超过全国平均水平64.7个百分点、16.3个百分点、14.7个百分点。南方五省区水电发电量占比与全国平均水平对比如图2-5所示。

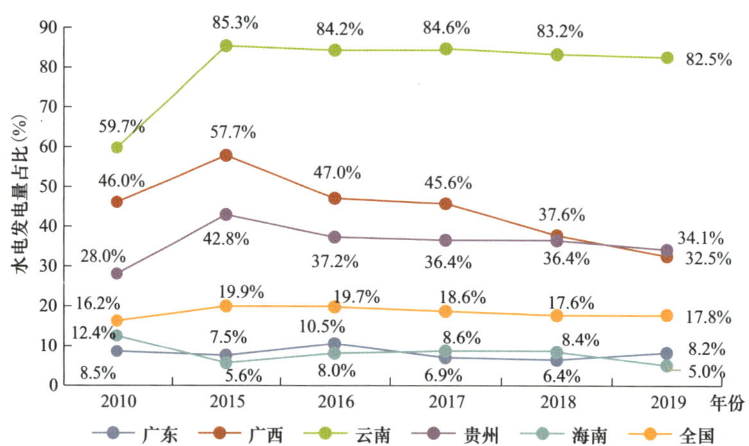

图2-5　南方五省区水电发电量占比与全国平均水平对比

水电设备利用小时数整体小幅提高。2019年南方五省区水电平均利用小时数3742h，比2018年增加19h，略高于全国平均水平。南方五省区水电利用小时数与全国平均水平对比如图2-6所示。

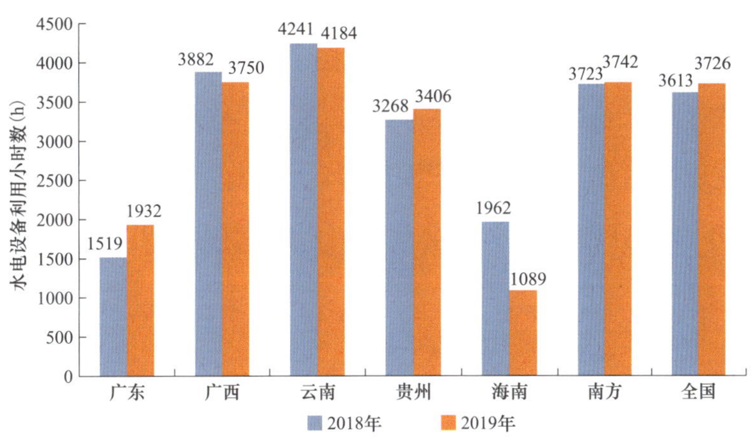

图 2-6　2018—2019 年南方五省区水电利用小时数与全国平均水平对比

南方区域内西电东送水电电量稳步增长。2019 年南方西电东送电量（不含区外送五省区电量）2055 亿 kW·h，比 2018 年增加 105 亿 kW·h，同比增长 5.4%；其中水电电量 1630 亿 kW·h，比 2018 年增加 59 亿 kW·h，占西电比重 79%，同比下降 2 个百分点。南方区域内西电东送水电电量及占比如图 2-7 所示。

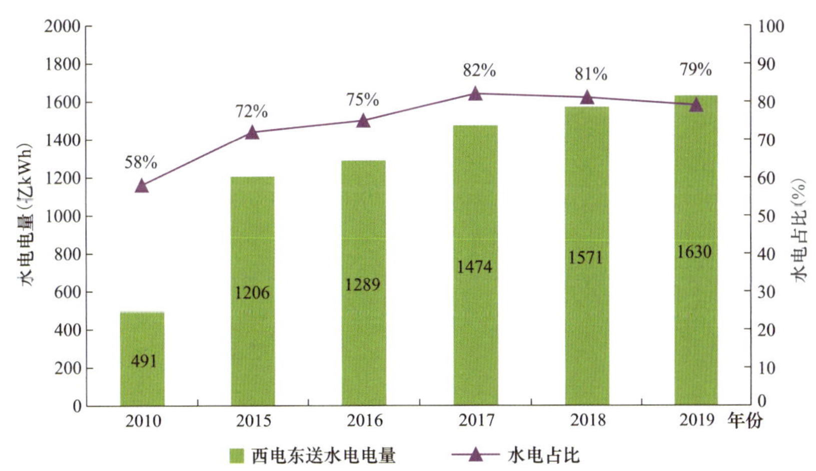

图 2-7　南方区域内西电东送水电电量及占比

弃水电量大幅降低，基本解决云南水电消纳困难问题。2019 年南方五省区理论弃水电量 17 亿 kW·h，同比减少 158 亿 kW·h，同比降低 90.3%，水能利用率99.6%，同比提高3.4个百分点。其中，云南近3年理论弃水电量规模大幅降低，2019年水能利用率99.4%，高于国家发展改革委、国家能源局印发的《清洁能源消纳行动计划（2018—2020年）》文件中给定的控制目标值（92%）；广西2019年实现零弃水，水能利用率100%，圆满完成了国家给定的控制目标（95%）。近5年南方五省区弃水电量及云南水能利用率如图2-8所示。

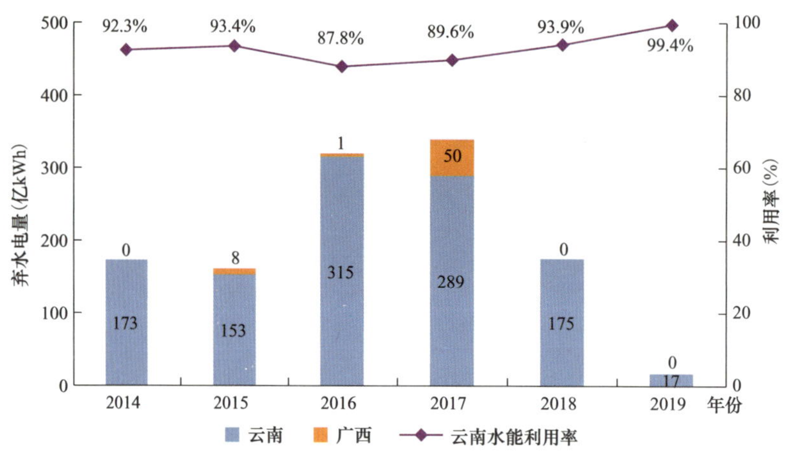

图2-8　近5年南方五省区弃水电量及云南水能利用率

2.3　发电成本和电价

2.3.1　工程造价

水电站单位造价呈上涨趋势。2019年投产的常规水电工程平均单位造价约9600元/kW[1]，同比增加200元/kW；投产的抽水蓄能电站平均单位造价约4050元/kW，同比增加50元/kW。随着工程开发建设环境日趋复杂，水电开发成本将不断上涨。

[1] 数据来源：中国电力企业联合会，中国电力行业年度发展报告2020。

2.3.2 上网电价

五省区除广东外水电平均上网电价均有小幅上升。2018 年云南水电平均上网电价 0.198 元/（kW·h），为全国最低，同比上涨 0.006 元/（kW·h）；广西水电平均上网电价 0.258 元/（kW·h），在全国仅高于云南、新疆、甘肃和青海，同比上涨 0.038 元/（kW·h）❶。南方五省区水电平均上网电价如表 2-4 所示。

表 2-4　　南方五省区水电平均上网电价　　单位：元/（kW·h）

省区	2014 年	2015 年	2016 年	2017 年	2018 年
广东	0.360	0.361	0.359	0.369	0.279
广西	0.233	0.227	0.226	0.220	0.258
云南	0.262	0.253	0.200	0.192	0.198
贵州	0.293	0.299	0.286	0.288	0.292
海南	0.352	0.359	0.399	0.399	0.407
全国平均	0.284	0.274	0.265	0.259	0.267

2.4 发展政策

发挥价格杠杆作用，促进云南水电消纳。2019 年 12 月，云南省发展改革委印发**《云南省运用价格杠杆促进弃水电量消纳试点实施方案》（云发改价格〔2019〕1121 号）**，鼓励和支持符合国家产业政策和环保要求的清洁载能产业利用富余水电加快发展，实现水电资源优势转化为经济优势。在上网环节，充分发挥市场配置资源决定性作用，通过市场化机制形成上网电价；在输配环节，

❶ 数据来源：国家能源局，2018 年度全国电力价格情况监管通报。

更好发挥政府作用，对弃水电量消纳实施阶段性价格支持政策；在销售环节，将弃水电量统筹用于支持新增用电负荷达到一定规模以上的符合国家产业政策和环保要求的清洁载能产业发展。

加强规划指导作用，规范小水电建设管理制度和监管体系，促进小水电持续健康发展。2019年11月，国家能源局发布《**促进小水电持续健康发展的指导意见（征求意见稿）**》，提出加强水电行业发展规划、流域综合规划及水电专项规划对小水电发展的约束和引领作用，合理布局小水电；保持规划及规划环评与项目的联动，强化生态环境保护措施落实；加强全生命周期工程安全和环境管理，促进河流生态保护与修复；完善和规范小水电健康发展的管理制度和监管体系，推进监测监督体系建设。

2.5 发展展望

2.5.1 我国水电发展展望

我国水电开发规模仍将稳步增长，增速逐步放缓。2019年底，我国常规水电装机容量32 611万kW，同比增长1.2%，增速下降1.9个百分点；抽水蓄能装机容量3029万kW，同比增长1.0%，增速下降3.5个百分点；常规水电、抽水蓄能装机容量分别完成了2020年规划目标的95.9%、75.7%。预计到2020年，常规水电和抽水蓄能装机容量将分别达到3.4亿kW和4000万kW的规划目标。

后续水电开发难度大，制约因素多。目前，我国剩余可待开发的水电主要集中在西南地区五江一河流域，除怒江及雅鲁藏布江尚未实现大规模开发外，其余各流域中、下游水电正在（已）开发建设，后续开发重点将逐步转移至各流域中、上游，开发难度加大，移民、环保等制约因素增多。

2.5.2　南方五省区水电发展展望

南方五省区水电开发程度较高，后续水电开发不确定性较大。云南后续可供开发的大型水电站装机容量共计 4284 万 kW，目前已经在建的大型水电装机容量 1160 万 kW，尚在前期规划论证阶段的大型水电装机容量 1181 万 kW，怒江 12 级电站及澜沧江下游的橄榄坝、勐松 2 级电站目前开发不确定性大，合计装机容量 1943 万 kW；广西后续可供开发的大型水电站装机容量 300 万 kW，其中大藤峡水电站已经在建，龙滩扩机因发电企业意愿不强，目前开发不确定。南方五省区后续可待开发水电站情况如表 2-5 所示。

表 2-5　　南方五省区后续可待开发水电站情况　　单位：万 kW

省区	流域	电站	装机容量	建设进展	预计投产时间
云南	金沙江上游	旭龙	111	前期规划	2025 年以后
		奔子栏	110	前期规划	2025 年以后
	金沙江中游	龙盘	420	前期规划	2025 年以后
		两家人	300	前期规划	2025 年以后
		金安桥扩机	60	核准	2025 年
	金沙江下游	乌东德	1020	在建	2020—2021 年
	怒江	12 级	1863	未明确	—
	澜沧江上游	古水	180	前期规划	2025 年以后
		托巴	140	在建	2025 年
	澜沧江下游	勐松	60	未明确	—
		橄榄坝	20	未明确	—
广西	红水河	龙滩扩机	140	前期规划	2025 年左右
		大藤峡	160	在建	2020—2022 年
合计			4584		

南方五省区水电建设趋缓。由于大型水电开发受限以及政府严控小水电新建，南方五省区未来水电发展总体规模有限。预计2020年南方五省区水电装机容量1.31亿kW，同比增加600万kW，其中常规水电装机容量1.23亿kW，抽水蓄能装机容量788万kW；水电占可再生能源装机容量比重69.5%，同比下降5.5个百分点。结合已明确水电规模和水电建设周期，预计2025年南方五省区水电装机容量达到1.43亿kW，比2020年增加1210万kW，其中常规水电装机容量1.33亿kW，抽水蓄能装机容量1028万kW；水电占可再生能源装机容量比重55.9%，比2020年下降13.6个百分点。南方五省区2020年和2025年水电装机规模预测如图2-9所示。

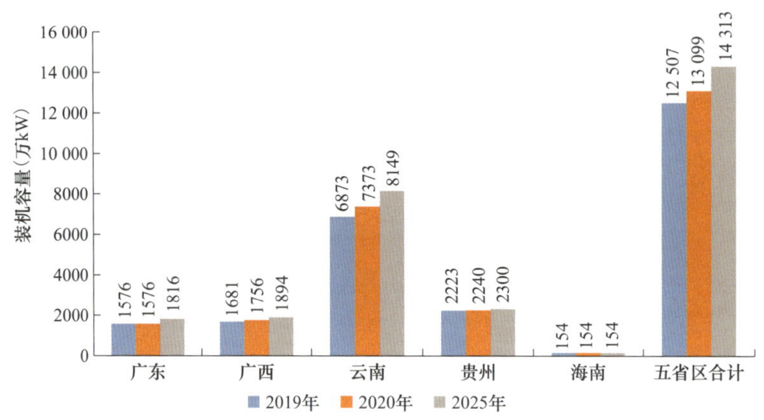

图2-9　南方五省区2020年和2025年水电装机规模预测

2.6　发展建议

加快后续西南水电发展，在保障消纳的基础上有序开发。发展西南水电，有助于优化我国能源结构、促进西部地区资源优势转化为经济优势。考虑到后续西南水电开发难度大、成本高，建议国家加大政策扶持力度，包括贷款、税收优惠政策、电价补贴机制等，加快后续西南水电发展。同时，为避免出现弃

水问题，建议加强统一规划和统筹协调，推动跨省跨区送电协议签订，在保障消纳基础上有序开发水电。

推进抽水蓄能电站建设，提高系统调峰能力。广东、广西两省区随着沿海核电及海上风电大规模投产以后，调峰形势更加严峻，考虑到未来调峰气电发展受气源和气价影响，两广地区调峰电源仍将以抽水蓄能为主。建议广东、广西配合核电及海上风电的发展，适时建设抽水蓄能电站，提高系统调峰能力，保障核电及海上风电的合理消纳。

第3章

风　电

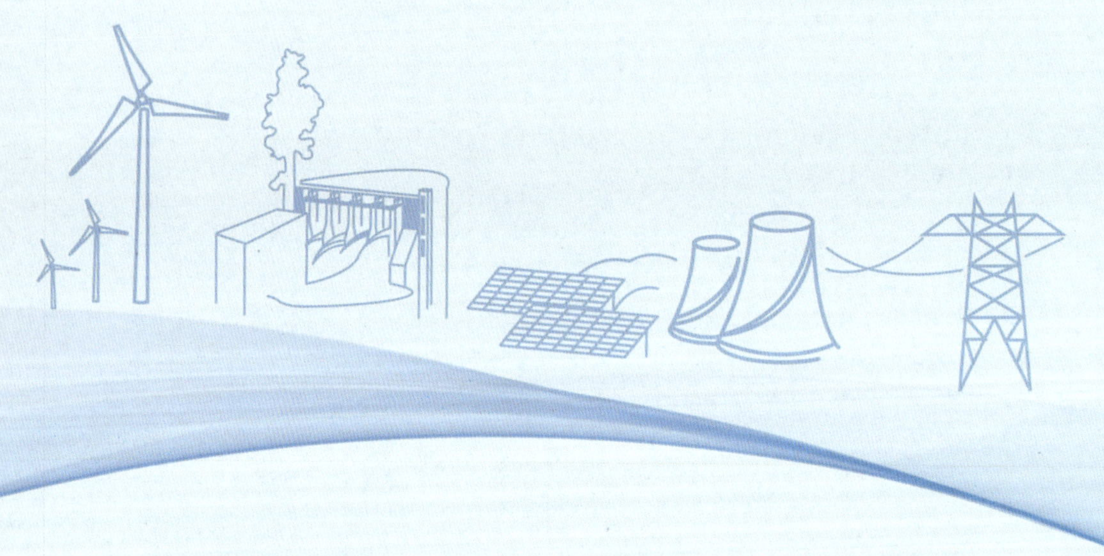

3.1　开发建设

五省区风电装机规模不断扩大。2019 年底，南方五省区已投运风电场 267 个，总装机容量 2078 万 kW，同比增长 13.1%，占全国风电总容量的 9.9%，近几年基本持平；新增装机容量 240 万 kW，同比增长 83.2%。南方五省区风电装机情况如表 3-1 所示，装机容量及增速如图 3-1 所示。

表 3-1　　南方五省区风电装机情况　　单位：万 kW

项目名称	2010 年	2015 年	2016 年	2017 年	2018 年	2019 年
1. 五省区风电总装机容量	**121**	**1255**	**1468**	**1707**	**1838**	**2078**
(1) 广东	62	246	268	335	357	443
其中：海上风电	0	0	0	0	2	29
(2) 广西	0	40	70	150	208	287
(3) 云南	34	614	737	825	857	863
(4) 贵州	0	323	362	363	386	457
(5) 海南	25	31	31	34	29	29
2. 占全国比重	**3.9%**	**9.8%**	**9.9%**	**10.4%**	**10.0%**	**9.9%**
(1) 广东	2.0%	1.9%	1.8%	2.0%	1.9%	2.1%
(2) 广西	0.0%	0.3%	0.5%	0.9%	1.1%	1.4%
(3) 云南	1.1%	4.8%	5.0%	5.0%	4.7%	4.1%
(4) 贵州	0.0%	2.5%	2.4%	2.2%	2.1%	2.2%
(5) 海南	0.8%	0.2%	0.2%	0.2%	0.2%	0.1%

广东、广西、贵州风电装机占五省区风电总装机比重提高，云南占比下降。2019 年底，云南风电装机容量 863 万 kW，占五省区风电总装机容量的 41.5%，同比下降 5.2 个百分点；广东装机容量 443 万 kW、占比 21.3%，同比上升 1.9 个百分点；广西装机容量 287 万 kW、占比 13.8%，同比上升 2.5

个百分点；贵州装机容量 457 万 kW、占比 22.0%，同比上升 1.0 个百分点。

图 3-1　南方五省区风电装机容量及增速

海南、云南风电规划目标完成率较高，广东、广西、贵州提升较快。2019 年底，海南、云南风电装机容量分别达到“十三五”规划目标的 97%、92%，在五省区中完成率较高；贵州完成率 76%，同比提高 12 个百分点；广西完成率 70%，同比提高 19 个百分点；广东完成率 55%，同比提高 10 个百分点。南方五省区风电规划目标及完成情况如图 3-2 所示。

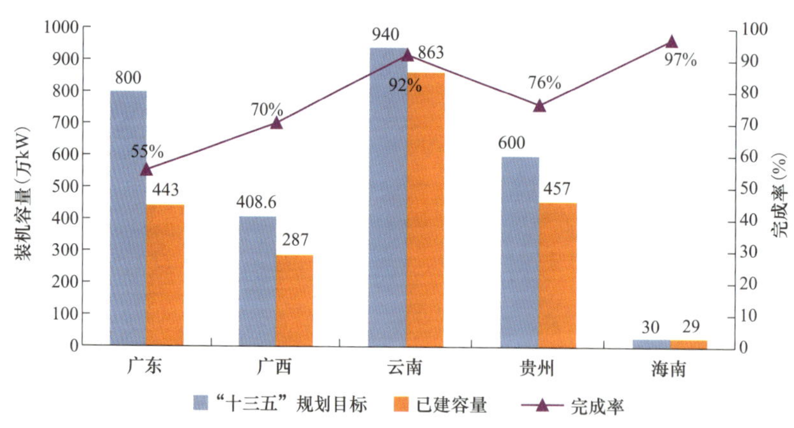

图 3-2　南方五省区风电规划目标及完成情况

五省区风电装机占电源总装机的比重低于全国平均水平。2019 年南方五省区风电装机占总装机的 6.0%，同比提高 0.4 个百分点，低于全国平均水平 4.4

个百分点，差距扩大0.4个百分点。风能资源最为丰富的云南风电装机占比为9.0%，低于全国1.4个百分点，差距扩大0.9个百分点。南方五省区风电装机占比与全国平均水平对比如图3-3所示。

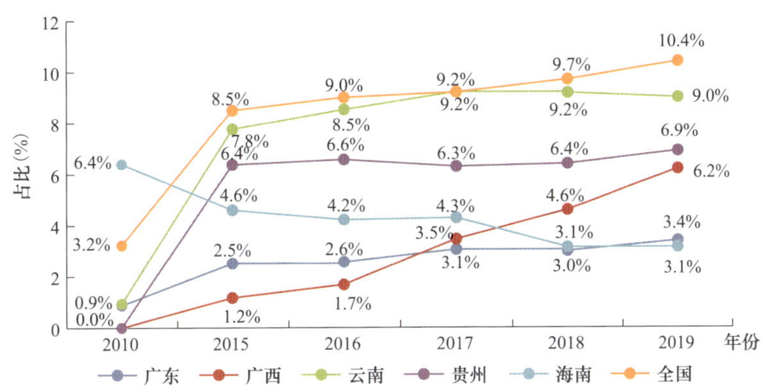

图3-3 南方五省区风电装机占比与全国平均水平对比

南方五省区在建及近期规划投产的风电装机大幅增加。2019年底，南方五省区在建及近期规划投产的风电装机容量3258万kW，同比增加2242万kW。其中广东在建及规划风电装机容量1949万kW，同比增加933万kW，占五省区总装机容量的60%。海南由于陆上风电发展与沿海岸线资源开发利用冲突，预计近期将不再考虑规划新建陆上风电场。南方五省区风电在建及近期规划投产装机容量如图3-4所示。

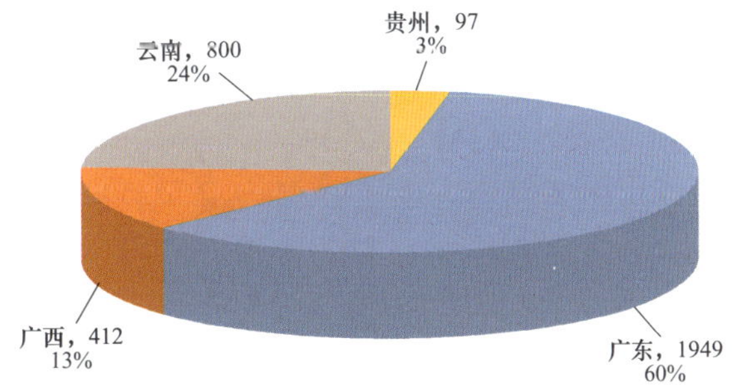

图3-4 南方五省区风电在建及近期规划投产装机容量（单位：万kW）

海上风电快速增长。广东海上风电进入快速发展期，广西、海南两省区尚未进入实质性开发。2019年底，南方五省区海上风电并网装机容量为29.04万kW，全部集中在广东省。2019年新投运3座海上风电场，分别为下海北海风场、珍珠湾海风场、峡沙海风场，新增装机规模为19.74万kW，占全国新增海上风电装机总规模的10.0%。2020年，广东将重点建设19个海上风电项目，总装机容量807.8万kW。2020年广东重点建设海上风电项目情况如附录D所示。

3.2 运行消纳

风电发电量不断增加。2019年，南方五省区风电发电量460亿kW·h，新增发电量63亿kW·h，同比增长15.9%，发电量占全国风电总发电量的11.3%，同比提高0.5个百分点。其中陆上风电发电量457亿kW·h，海上风电3亿kW·h。南方五省区风电发电量情况如表3-2所示。

表3-2　南方五省区风电发电量情况　单位：亿kW·h

项目名称	2010年	2015年	2016年	2017年	2018年	2019年
1. 五省区风电总发电量	**17**	**180**	**272**	**344**	**397**	**460**
（1）广东	10	42	50	62	64	74
（2）广西	0	6	13	25	40	61
（3）云南	4	94	149	188	219	242
（4）贵州	0	33	55	63	68	78
（5）海南	2	6	6	6	5	5
2. 占全国比重	**3.3%**	**9.7%**	**11.3%**	**11.2%**	**10.8%**	**11.3%**
（1）广东	2.0%	2.2%	2.1%	2.0%	1.8%	1.8%
（2）广西	0.0%	0.3%	0.5%	0.8%	1.1%	1.5%
（3）云南	0.8%	5.1%	6.2%	6.2%	6.0%	6.0%
（4）贵州	0.0%	1.8%	2.3%	2.1%	1.9%	1.9%
（5）海南	0.5%	0.3%	0.2%	0.2%	0.1%	0.1%

南方五省区风电发电量占总发电量比重低于全国平均水平。2019年，南方

五省区风电发电量占总发电量的3.6%，低于全国平均水平（5.5%）。其中，云南风电发电量242亿kW·h，占比7.0%，超过全国平均水平1.5个百分点，其余四省区均低于全国平均水平。南方五省区风电发电量占比与全国平均水平对比如图3-5所示。

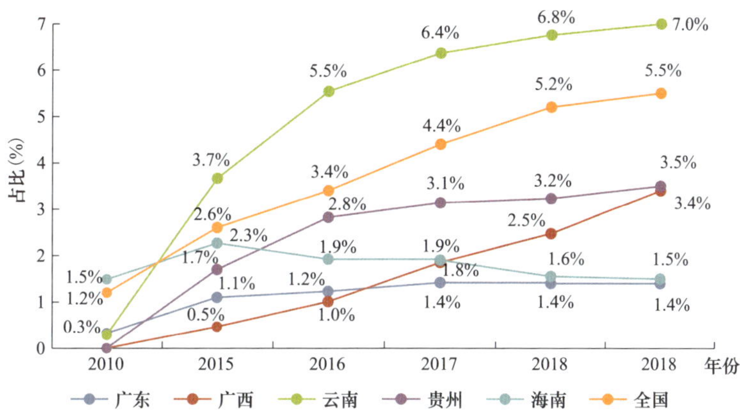

图3-5 南方五省区风电发电量占比与全国平均水平对比

云南、广西风电利用小时数高于全国平均水平。2019年，南方五省区风电利用小时数2314h，较上年提高55h，同比增长2.4%，高于全国2082h的平均水平。其中，云南风电利用小时数最高，达2944h，超出全国平均水平862h；广西风电利用小时2185h，超出全国平均水平103h。南方五省区风电利用小时数与全国平均水平对比如图3-6所示。

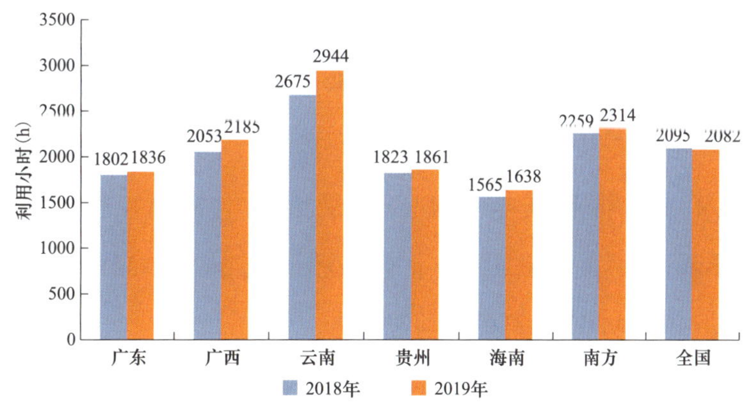

图3-6 2018—2019年南方五省区风电利用小时数与全国平均水平对比

南方五省区风电基本实现全额消纳。2019 年，南方五省区理论弃风电量 0.92 亿 kW•h，同比下降 51.8%，理论弃风率 0.2%，同比降低 0.3 个百分点，实现弃风电量和弃风率双降。弃风主要集中在云南（大理、昭通和楚雄地区）和贵州（毕节和威宁地区）。其中，云南理论弃风电量 0.6 亿 kW•h，主要是风电集中大发时段局部电力送出通道受限造成；贵州理论弃风电量 0.32 亿 kW•h，主要是局部地区风电装机增长较快，相关配套工程建设进度未跟上造成的。2018—2019 年南方五省区理论弃风情况如表 3-3 所示。

表 3-3　2018—2019 年南方五省区理论弃风情况　单位：亿 kW•h

省区	2018 年		2019 年	
	弃风量	弃风率	弃风量	弃风率
广东	0	0	0	0
广西	0	0	0	0
云南	0.55	0.25%	0.6	0.25%
贵州	1.34	1.92%	0.32	0.41%
海南	0.02	0.44%	0	0
合计	1.91	0.48%	0.92	0.2%

3.3　技术发展

陆上风电单机容量持续增大。随着技术的不断进步，高效大功率风电机组逐渐成为陆上风电的主力机组。2019 年 8 月，西门子歌美飒在天津发布 4x 平台机型，是国内当前陆上风电单体容量最大风电机组，额定功率在 4.2～5.0MW 之间可调；2019 年 10 月，中车株洲所发布 3.x MW D160 风电机组，额定功率在 3.3～3.6MW 之间柔性可调。

低风速风电技术稳步发展。我国低风速资源非常丰富，可利用的低风速资源面积约占全国风能资源区的 68%，且接近电网负荷中心，未来将有较大的发

展潜力。2019年，维斯塔斯针对低风速和超低风速场址研发出4MW平台新机型V155-3.3MWTM，轮毂高度可达162m，相比V120-2.2 MW机组，新机型提升50%的单机发电量。

海上风电单机容量取得突破。随着海上风电技术的进步，海上风电机组的功率更大、叶片更长，在海上风速稳定的情况下发电量稳步增加，在一定程度上可分摊深海基础成本的增加。2019年，我国研发出10MW海上抗台风型风电机组，西门子歌美飒推出11MW海上风电机组，GE研发的12MW海上风电机组已获得英、美等国的订单。欧洲即将投运全球最大的漂浮式海上风电场，规模为3×8.4MW。

海上风机基础结构多样化。早期的海上风电基础以单桩式和重力式为主，而近几年海上风电基础结构开始更加多样化，以适应不同海床条件、水深情况以及机组和环境因素。2019年，欧洲已安装的海上风电机组大多采用了单桩固定式，占总量的81.0%，接下来是导管式（8.9%）、重力式（5.7%）、三脚架结构（2.4%）、三桩式（1.5%）和漂浮式（0.2%）。

3.4 发电成本和电价

3.4.1 工程造价

陆上风电投资成本。南方五省区陆上风电资源多位于山区、丘陵地带，随着土地资源的逐渐紧张以及建设条件的日趋复杂，风电场的基建成本不断攀升。但陆上风电项目设备购置成本占投资成本比重超过70%，随着风电主设备价格不断下探，陆上风电投资成本呈持续下降趋势。2019年，我国陆上风电单位造价在7900元/kW[1]左右，同比增加400元/kW。

---

[1] 数据来源：中国电力企业联合会，中国电力行业年度发展报告2020。

海上风电投资成本。2019年，我国在建的海上风电主要分布于广东、江苏、福建等海域，不同海域投资成本存在一定差异，广东海上风电项目单位容量造价16 200～17 600元/kW、江苏14 400～16 300元/kW、福建17 300～18 500元/kW，其中，风机、塔筒、桩基础费用占工程造价的比重在71%～75%之间。

3.4.2 度电成本

陆上风电度电成本稳步下降。2019年，海上风电项目平均度电成本0.77元/（kW•h）；陆上风电项目平均度电成本0.32元/（kW•h）[1]，相比2018年下降0.06元/（kW•h），同比下降15.8%。2016—2019年陆上风电平均度电成本变化情况如图3-7所示。

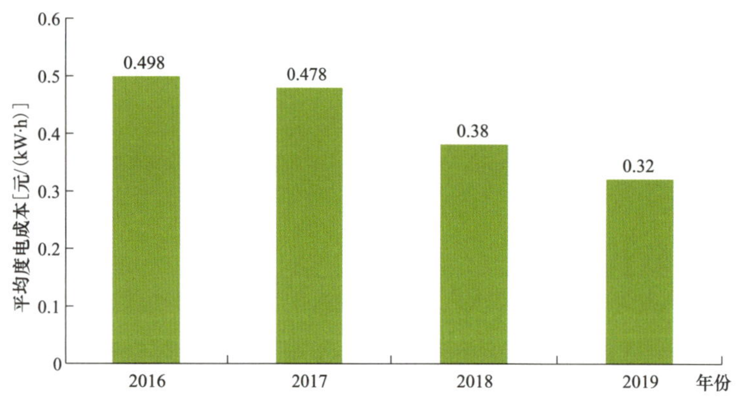

图3-7 2016—2019年陆上风电平均度电成本变化情况

3.4.3 上网电价

南方五省区除云南外风电平均上网电价有所下降，但仍高于全国平均水平。2018年，广东、广西、贵州、海南风电平均上网电价相比2017年均有所

[1] 数据来源：IRENA，Renewable Power Generation Costs in 2019。

下降，但仍高于全国平均水平。云南风电平均上网电价 0.456 元/（kW·h）[1]，比 2017 年增加 0.032 元/（kW·h），低于全国平均水平。南方五省区风电平均上网电价如表 3 - 4 所示。

表 3 - 4　　南方五省区风电平均上网电价　　单位：元/（kW·h）

省区	2014 年	2015 年	2016 年	2017 年	2018 年
广东	—	0.602	0.607	0.608	0.603
广西	—	0.548	0.555	0.608	0.607
云南	0.435	0.564	0.472	0.424	0.456
贵州	0.634	0.636	0.634	0.620	0.534
海南	0.609	0.645	0.664	0.664	0.607
全国平均	0.576	0.572	0.565	0.562	0.529

3.5　发展政策

推动风电建设提质增效，促进风电持续健康发展。2020 年 3 月，国家能源局印发《**关于 2020 年风电、光伏发电项目建设有关事项的通知**》（**国能发新能〔2020〕17 号**），积极推进风电平价上网项目建设，有序推进需国家财政补贴项目建设，积极支持分散式风电项目建设，推动分散式风电参与分布式发电市场化交易试点，稳妥推进海上风电项目建设，陆上风电、海上风电项目参与竞争性配置，分散式风电项目可不参与竞争性配置。

2020 年 2 月，广东能源局发布《**广东省近海浅水区海上风电项目开工及建成并网时间表**》，公布 26 个海上风电项目开工和全部机组建成并网时间，其中 3 个项目 2020 年底建成并网，22 个项目 2020 年底开工建设，19 个项目 2021 年底建成并网。广东省近海浅水区海上风电项目开工及建成并网时间表如附录 E 所示。

[1] 数据来源：国家能源局，2014—2018 年度全国电力价格情况监管通报。

3.6 发展展望

3.6.1 我国风电发展展望

我国风电装机规模仍将持续扩大。2019 年底，我国风电装机容量 2.1 亿 kW，同比增长 14.0%，已提前完成 2020 年规划目标。预计 2020 年全国风电装机容量将达到 2.4 亿 kW。

海上风电、分散式风电将成为风电发展的重要推动力。继江苏、上海后，2019 年福建、浙江、广东、辽宁、天津等地区海上风电建设取得实质性进展。全国海上风电装机容量 593 万 kW，同比增长 33%，2021 年底前海上风电持续抢装。分散式风电在国家鼓励政策支持下，迎来发展机遇，湖北、辽宁、安徽、江西、内蒙古、吉林六省区近期已核准的分散式风电规模达到 278 万 kW。

3.6.2 南方五省区风电发展展望

广东海上风电加快建设。随着近海浅水区海上风电的规模化发展和开发经验的持续积累，海上风电研发、装备制造以及工程施工水平不断提高。同时，国家正式发文明确 2021 年底前全部机组完成并网的海上风电项目纳入中央财政补贴范围，为获得中央补贴，广东海上风电将加快建设。根据《广东省 2020 年重点建设项目计划》，2020 年广东重点建设 807.8 万 kW 海上风电，计划于 2021 年底前全部投产。

因地制宜发展分散式风电。分散式风电开发受资源条件、生态环境、建设运营成本等因素影响。南方五省区整体陆上风能资源一般，除云南外均属于Ⅳ类资源区，利用小时数低，分散式风电无法像集中式风电将投资成本和运维费用平摊到各个风机，整体建设成本高，运维管理费用较高。南方五省区应因地制宜发展分散式风电，预计 2020 年南方五省区分散式风电装机容量达到10 万 kW。

南方五省区风电规模将持续增大。预计 2020 年，南方五省区风电装机规模将达到 2660 万 kW 左右（其中海上风电装机规模 200 万 kW），占总电源装机比重 7.1%，同比提高 1.1 个百分点；占可再生能源装机比重 14.1%，同比提高 1.7 个百分点。根据五省区风电发展初步规划，预计 2025 年风电总装机规模达到 6000 万 kW 左右（其中海上风电规模 1600 万 kW），占总电源装机比重 12.2%，比 2020 年提高 5.1 个百分点；占可再生能源装机比重 23.7%，比 2020 年提高 9.6 个百分点。南方五省区 2020 年和 2025 年风电装机规模预测如图 3-8 所示。

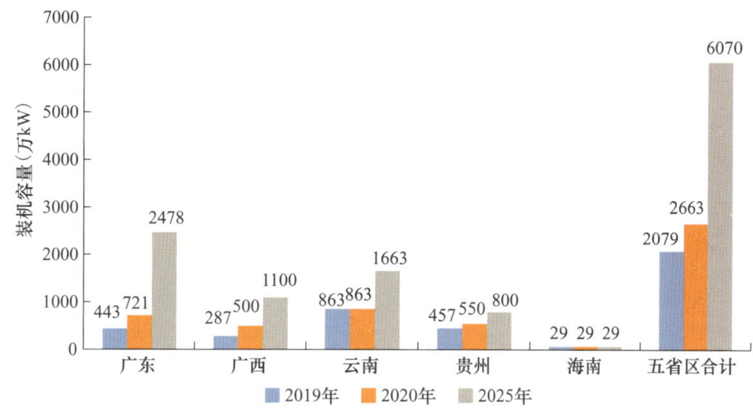

图 3-8　南方五省区 2020 年和 2025 年风电装机规模预测

3.7　发展建议

坚持统一规划和统筹布局，推动风电协调发展。加强规划的系统性和指导性作用，全面贯彻落实国家能源战略政策，合理规划风电发展目标，科学引导开发布局。统筹风电与常规电源、电网协调发展，加强风电发展规划与能源、电力、土地、生态环保等规划衔接。完善风电建设管理机制，防范产业经济利益驱动下的政策性投资风险，避免因规模发展过快、布局过度集中导致消纳困难。

完善海上风电补贴政策，科学协调推进海上风电开发。海上风电开发可带动港口、海上能源装备等产业协同发展，有利于提高可再生能源和非水可再生能源消纳比重，促进能源清洁转型。但目前海上风电开发成本较高，在历经补贴退坡和国补取消等政策变化后，经济性较预期大为下降，且大规模并网对系统调峰及安全运行压力较大，发展受到较大制约。地方政府应结合海上风电储备项目情况、产业发展战略、财政承受能力等，合理制定地方补贴政策，优化海上风电建设规模和开发时序，统筹规划调峰电源及送出线路建设，推动海上风电的可持续健康发展。

因地制宜加快发展分散式风电。分散式风电单位容量投资成本高于集中式陆上风电，但分散式风电规模小、资源普适性较好、靠近负荷中心利于消纳且投资周期短，建议因地制宜加快发展分散式风电。

第 4 章

光伏发电

4.1 开发建设

南方五省区光伏装机容量保持较快增长。2019 年底，南方五省区光伏发电装机规模 1745 万 kW，同比增长 35.1%，占全国光伏发电装机规模的 8.5%，同比提高 1.1 个百分点。南方五省区光伏装机情况如表 4-1 所示。

五省区中广东光伏规模最大，贵州发展最快。2019 年，五省区新增光伏装机容量 454 万 kW，其中贵州新增光伏装机容量 332 万 kW，占五省区新增装机容量的 73%。2019 年底，广东光伏装机容量 610 万 kW，同比增长 15.7%，占五省区总装机规模的 35%，占比最大；贵州光伏装机容量 510 万 kW，同比增长 187%，增速最快。

表 4-1　南方五省区光伏装机情况　单位：万 kW

项目名称	2010 年	2015 年	2016 年	2017 年	2018 年	2019 年
1. 五省区光伏总装机容量	**2**	**220**	**416**	**845**	**1291**	**1745**
（1）广东	0	62	117	332	527	610
（2）广西	0	12	16	96	124	135
（3）云南	2	117	208	238	326	350
（4）贵州	0	3	46	135	178	510
（5）海南	0	26	29	43	136	140
2. 占全国比重	**7.7%**	**5.3%**	**5.4%**	**6.5%**	**7.4%**	**8.5%**
（1）广东	0.0%	1.5%	1.5%	2.5%	3.0%	3.0%
（2）广西	0.0%	0.3%	0.2%	0.7%	0.7%	0.7%
（3）云南	7.7%	2.8%	2.7%	1.8%	1.9%	1.7%
（4）贵州	0.0%	0.1%	0.6%	1.0%	1.0%	2.5%
（5）海南	0.0%	0.6%	0.4%	0.3%	0.8%	0.7%

五省区光伏装机容量均已超额完成“十三五”规划任务。2019年底，五省区光伏装机容量均超额完成“十三五”规划目标，其中贵州光伏装机容量达到规模目标的255%，远超预期。南方五省区光伏规划目标及完成情况如图4-1所示。

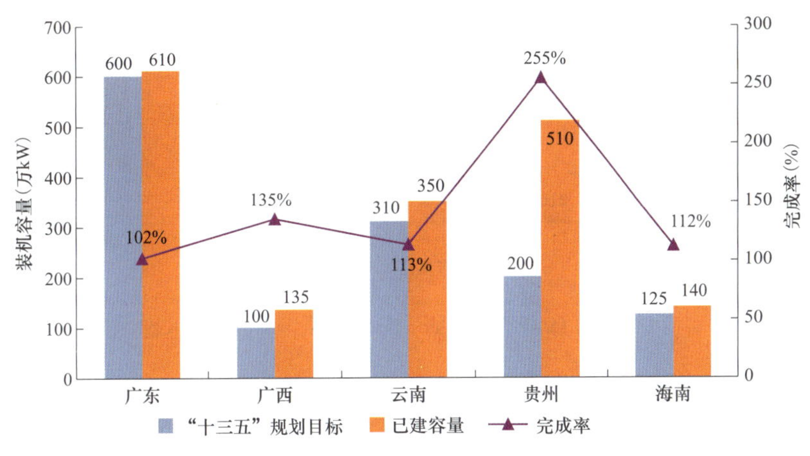

图4-1　南方五省区光伏规划目标及完成情况

集中式光伏增长快速。2019年底，南方五省区集中式光伏装机容量1381万kW，同比增长44.9%，占光伏总装机容量的79.1%。分布式光伏装机容量364万kW，同比增长7.6%。

分布式光伏发展不平衡。2019年底，广东分布式光伏装机容量达到309万kW，占五省区分布式光伏装机容量的85%；广西、云南2019年分布式光伏规模分别为29万、22万kW；海南分布式光伏处于起步期，装机容量4万kW；贵州目前尚未布局分布式光伏。南方五省区分布式光伏装机和集中式光伏装机发展情况如图4-2所示。

光伏在五省区电源总装机中的占比不断提高。2019年，广东光伏装机占总装机容量的4.7%，同比上升0.3个百分点；广西光伏装机容量占比2.9%，同比上升0.2个百分点；云南光伏装机容量占比3.6%，同比上升0.1个百分点；贵州光伏装机容量占比7.7%，同比上升4.8个百分点；海南光伏装机容量占比15.2%，同比上升0.4个百分点。五省区中仅海南光伏装机容量占比高于全国平均水平（10.2%）。南方五省区光伏装机占比与全国平均水平对比如图4-3所示。

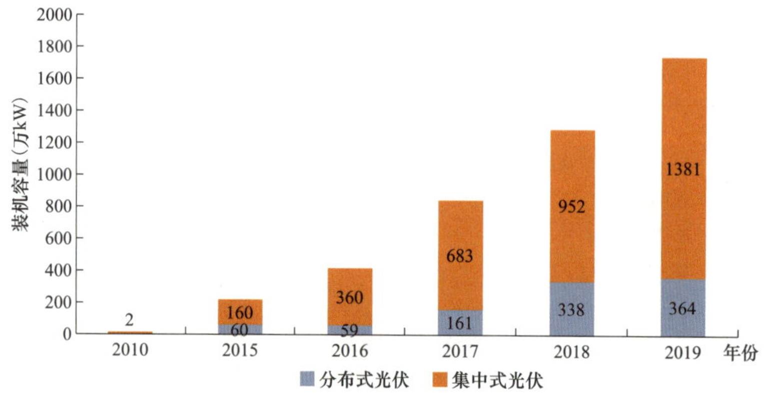

图4-2 南方五省区分布式光伏装机和集中式光伏装机发展情况

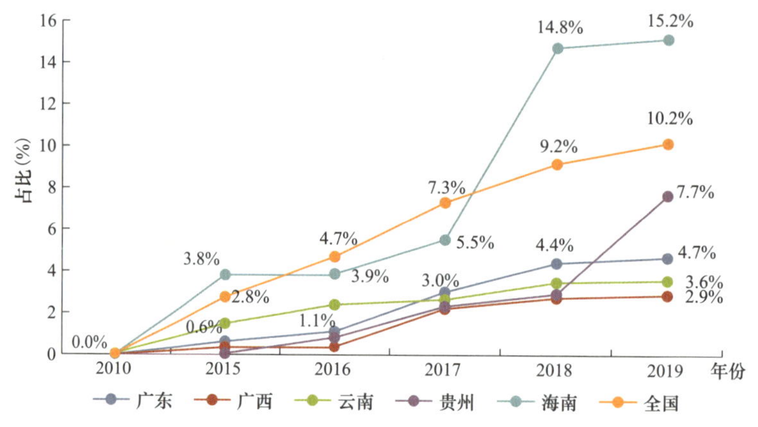

图4-3 南方五省区光伏装机占比与全国平均水平对比

在建及近期规划投产的光伏发电容量稳步增加。2019年底，五省区光伏发电在建及规划总装机容量1093万kW，同比增加318万kW，其中集中式光伏装机容量956万kW、分布式光伏装机容量137万kW。广东在建及规划总装机容量469万kW，占五省区总装机容量的42.9%，其中集中式光伏装机容量339万kW、分布式光伏装机容量130万kW。南方五省区光伏发电在建及短期内规划投产装机情况如图4-4所示。

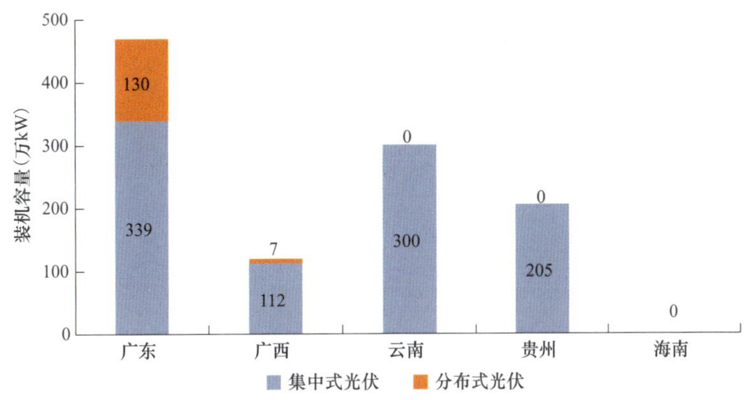

图4-4 南方五省区光伏发电在建及短期内规划投产容量

4.2 运行消纳

光伏发电量持续增长，占全国光伏发电量比重快速提高。2019年，南方五省区光伏发电量147亿kW·h，同比增长55.9%，占全国光伏总发电量的6.6%，同比提高1.3个百分点。南方五省区光伏发电量情况如表4-2所示。

光伏发电量主要集中在广东和云南。2019年，广东光伏发电量53亿kW·h，同比增长76.0%；云南光伏发电量47亿kW·h，同比增长39.6%；两省光伏发电量在五省区中的占比分别为36.3%、31.7%，占比较高。广西、贵州、海南光伏发电量分别为14亿kW·h、20亿kW·h、14亿kW·h，在五省区中的占比均在10%左右。

表4-2 南方五省区光伏发电量情况 单位：亿kW·h

项目名称	2010年	2015年	2016年	2017年	2018年	2019年
1. 五省区光伏总发电量	**0.12**	**13**	**36**	**61**	**94**	**147**
(1) 广东	0	4	8	20	30	53
(2) 广西	0	0	1	4	9	14
(3) 云南	0.12	6	23	28	33	47

续表

项目名称	2010 年	2015 年	2016 年	2017 年	2018 年	2019 年
（4）贵州	0	0	1	6	16	20
（5）海南	0	3	3	3	6	14
2. 占全国比重	**9.5%**	**3.5%**	**5.5%**	**5.2%**	**5.3%**	**6.6%**
（1）广东	0.0%	0.9%	1.2%	1.7%	1.7%	2.4%
（2）广西	0.0%	0.1%	0.2%	0.3%	0.5%	0.6%
（3）云南	9.5%	1.7%	3.5%	2.4%	1.9%	2.1%
（4）贵州	0.0%	0.1%	0.2%	0.5%	0.9%	0.9%
（5）海南	0.0%	0.7%	0.4%	0.3%	0.3%	0.6%

五省区除海南外光伏发电量占电源总发电量比重均低于全国平均水平。2019 年，南方五省区光伏发电量占总发电量的比重为 1.2%，同比上升 0.4 个百分点。广东、广西、云南、贵州光伏发电量占比稳步提高，但与全国平均水平相比仍存在一定差距；海南光伏发电量占比为 4.1%，超过全国平均水平。南方五省区光伏发电量占比与全国平均水平对比如图 4-5 所示。

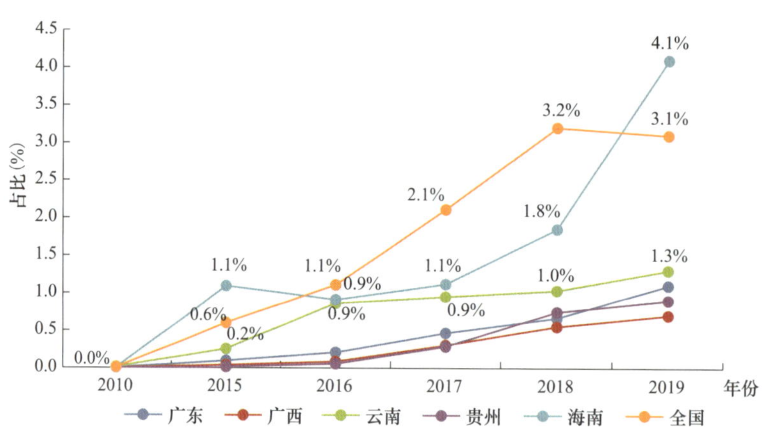

图 4-5 南方五省区光伏发电量占比与全国平均水平对比

集中式光伏占光伏发电量比重超过八成。2019 年，南方五省区集中式光伏发电量 119 亿 kW·h，同比增长 44.1%，占光伏总发电量的 81.1%。分布式光伏发电量 28 亿 kW·h，同比增长 140.1%，占比 18.9%，同比提高 6.6 个百分点。

分布式光伏发电量主要集中在广东。广东分布式光伏发电量26亿kW•h，占五省区分布式光伏总发电量的92.4%。广西、云南分布式光伏发电量较小，均不足2亿kW•h。贵州、海南分布式光伏发电量接近零。2019年南方五省区集中式、分布式光伏发电量及占比如图4-6所示。

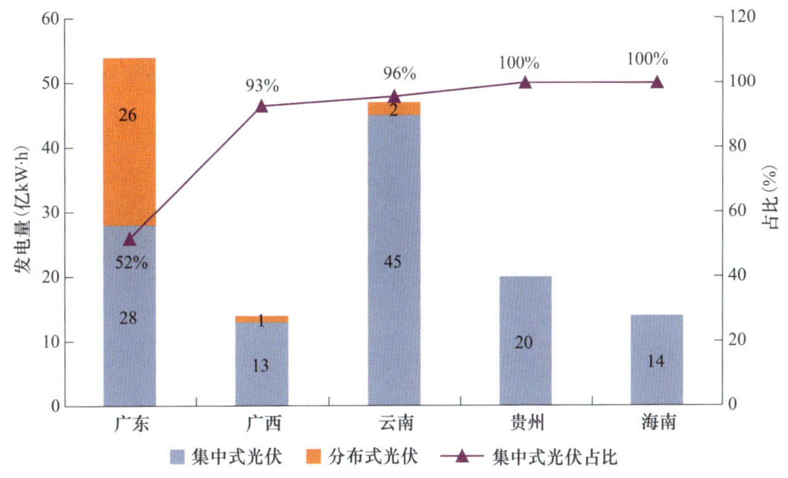

图4-6　2019年南方五省区集中式、分布式光伏发电量及占比

五省区光伏发电利用小时数有所增长，整体利用小时数低于全国平均水平。2019年，南方五省区光伏发电利用小时数1105h，较上年上升115h，低于全国平均水平180h。其中，云南光伏发电利用小时数1350h，在五省区中最高，同比增加129h，略高于全国平均水平。2018—2019年南方五省区光伏发电利用小时数与全国平均水平对比情况如图4-7所示。

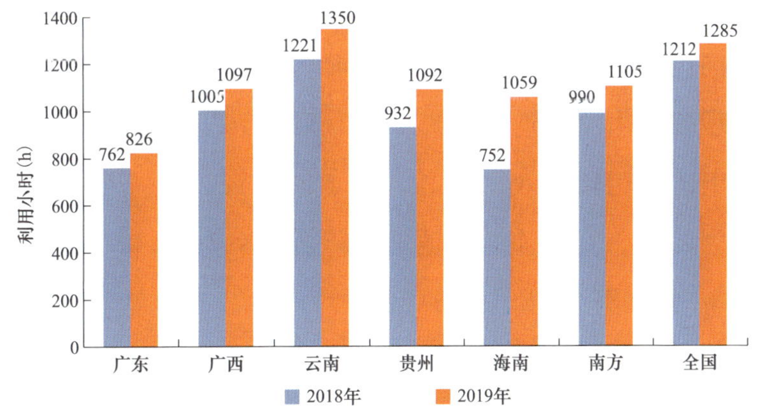

图4-7　2018—2019年南方五省区光伏发电利用小时数与全国平均水平对比

南方五省区光伏发电基本实现全额消纳。2019年，南方五省区理论弃光电量0.27亿kW•h，相比上年基本持平，理论弃光率0.18%，弃光主要集中在云南（楚雄、昭通、大理等地）、贵州（毕节、威宁等地）。其中，云南理论弃光电量0.2亿kW•h，主要是局部地区送出通道受限造成；贵州理论弃光电量0.07亿kW•h，主要是局部地区清洁能源装机规模增速较快，配套电网工程进度相对滞后，造成电力送出通道受限。2018—2019年南方五省区理论弃光情况如表4-3所示。

表4-3　　2018—2019年南方五省区理论弃光情况　　单位：亿kW•h

省区	2018年		2019年	
	弃光量	弃光率	弃光量	弃光率
广东	0	0	0	0
广西	0	0	0	0
云南	0.15	0.44%	0.20	0.43%
贵州	0.11	0.70%	0.07	0.36%
海南	0	0	0	0
合计	0.26	0.27%	0.27	0.18%

4.3　技术发展

光伏电池向高效化发展。新型高效太阳能电池技术更新换代快，转换效率快速提升，呈现多样化发展趋势。2019年，采用PERC电池技术规模化生产的单晶和多晶硅电池平均转换效率达22.3%、20.5%，N-PERT/TOPCon电池平均转换效率为22.7%，异质结电池平均转换效率为23.0%，非晶硅薄膜太阳能电池实验室转换效率为22.1%～23.35%，钙钛矿电池实验室转换效率为25.2%～29.15%。

光伏硅片向大尺寸发展。为获得更高组件功率以降低单位成本，光伏企业

推出各类大尺寸硅片。2019 年，光伏硅片市场以 156.75mm 尺寸为主，市场占有率约 61%，158.75mm 尺寸硅片市场占有率约 31.8%，160～166mm 尺寸硅片市场占有率约 7.2%。随着电池及组件生产线升级改造和新生产线投入，158.75mm 尺寸硅片 2020 年市场占有率有望超过 40%，160～166mm 尺寸硅片超过 30%，210mm 尺寸硅片逐步进入实际应用。

光伏组件向轻量化发展。随着更大尺寸、更高效率光伏产品不断问世，光伏组件越来越重，不仅增加了下游制造端成本，也增加了安装、运维成本，组件轻量化成为行业发展趋势。硅片薄片化有利于降低硅耗和硅片的成本，减轻重量。2019 年多晶硅片平均厚度为 180μm，单晶硅片平均厚度 170～175μm，用于异质结的硅片厚度约 150μm，均呈下降趋势；透明背板封装技术可让双面组件最多减重 30%，组件尺寸越大，透明背板封装技术的减重效果越明显。

4.4　发电成本和电价

4.4.1　工程造价

光伏发电系统单位造价不断下降。光伏发电系统建设成本主要包括光伏组件、逆变器等电气设备成本和土地、电网接入、建安、管理等非电气设备成本。电气设备成本随着技术进步和规模化效益，下降较快，在总投资中占比逐渐降低，而非电气设备成本下降较慢。据统计，2019 年我国地面光伏初始投资成本为 4550 元/kW，同比下降 7.5%；工商业分布式光伏初始投资成本为 3840 元/kW[❶]，同比下降 8.1%。

❶ 数据来源：中国光伏行业协会，中国光伏产业发展路线图（2019 年版）。

4.4.2 度电成本

光伏发电度电成本小幅下降。 2019 年，光伏电站平均度电成本 0.372 元/（kW·h）[1]，比 2018 年下降 0.005 元/（kW·h），同比下降 1.3%。2016—2019 年光伏发电平均度电成本变化情况如图 4-8 所示。

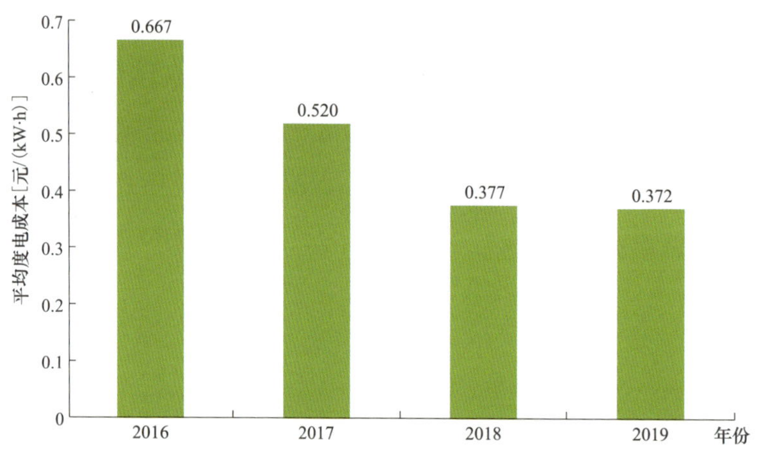

图 4-8　2016—2019 年光伏发电平均度电成本变化情况

4.4.3 上网电价

南方五省区光伏平均上网电价出现不同幅度下降。 2018 年，广东光伏平均上网电价 0.979 元/（kW·h），同比下降 1.5%；云南 0.734 元/（kW·h）、同比下降 33.8%；贵州 0.948 元/（kW·h）、同比下降 0.5%。广东、贵州光伏平均上网电价略高于全国平均水平，海南光伏平均上网电价最低，约为全国平均水平的一半。南方五省区光伏平均上网电价如表 4-4 所示。

[1] 数据来源：IRENA，Renewable Power Generation Costs in 2019。

表 4-4　　南方五省区光伏平均上网电价　　单位：元/（kW·h）

省区	2014 年	2015 年	2016 年	2017 年	2018 年
广东	—	0.602	1.000	0.994	0.979
云南	2.043	1.082	0.999	1.109	0.734
贵州	—	—	1.011	0.953	0.948
海南	—	1.023	1.060	1.010	0.443
全国平均	0.911	0.947	0.938	0.940	0.860

4.5　发展政策

推进光伏发电平价上网，完善市场配置资源和补贴退坡机制。2020 年 3 月，国家发展改革委发布《**关于 2020 年光伏发电上网电价政策有关事项的通知**》（**发改价格〔2020〕511 号**），进一步调整光伏发电上网电价，将纳入国家财政补贴范围的Ⅰ～Ⅲ类资源区新增的集中式光伏电站指导电价确定为每千瓦时 0.35 元（含税，下同）、0.4 元、0.49 元，工商业分布式光伏发电补贴标准降低到每千瓦时 0.05 元，户用分布式光伏发电补贴标准降低到每千瓦时 0.08 元。2015—2020 年风电、光伏发电上网电价/指导价变化情况如附录 F 所示。

加大光伏发电项目竞价力度，引导光伏产业健康发展。2019 年 7 月，国家能源局发布《**关于公布 2019 年光伏发电项目国家补贴竞价结果的通知**》（**国能综通新能〔2019〕59 号**），南方五省区共有 289 个、571 万 kW 光伏电站拟纳入 2019 年国家竞价补贴范围，其中贵州拟纳入 63 个、360 万 kW 光伏电站，纳入规模位居全国第一；广东拟纳入 203 个、167 万 kW 光伏电站；广西拟纳入 23 个、44 万 kW 光伏电站。

4.6 发展展望

4.6.1 我国光伏发展展望

光伏发电装机规模不断扩大。2019年底，我国光伏发电装机容量2.04亿kW，其中集中式光伏装机容量1.42亿kW、分布式光伏装机容量0.62亿kW、光热发电装机容量42万kW，常规光伏发电提前完成2020年规划目标，光热发电完成2020年规划目标的8.4%。预计到2020年底，我国光伏发电装机容量达到2.4亿kW。

光伏发电技术快速进步，转换效率稳步提升，开发成本不断下降。为应对补贴退坡政策对光伏产业发展的影响，光伏制造企业加大新技术研发，PERC电池技术市场份额不断扩大，异质结、TopCon等高效电池技术产业化步伐稳步推进，大尺寸硅片制造设备逐步进入市场，光伏电池转换效率稳步提升，平均造价不断下降，预计2020年光伏平均造价下降到4000元/kW左右。

4.6.2 南方五省区光伏发展展望

南方五省区光伏发电装机占可再生能源装机比重不断提高。预计2020年南方五省区光伏发电装机容量约2600万kW，占五省区电源总装机比重6.9%，同比提高1.9个百分点；占可再生能源装机比重13.7%，同比提高3.3个百分点。根据五省区光伏发电发展初步规划，预计2025年光伏发电装机容量将达到4500万kW左右，占可再生能源装机容量比重17.6%，比2020年提高3.9个百分点。南方五省区2020年和2025年光伏装机规模预测如图4-9所示。

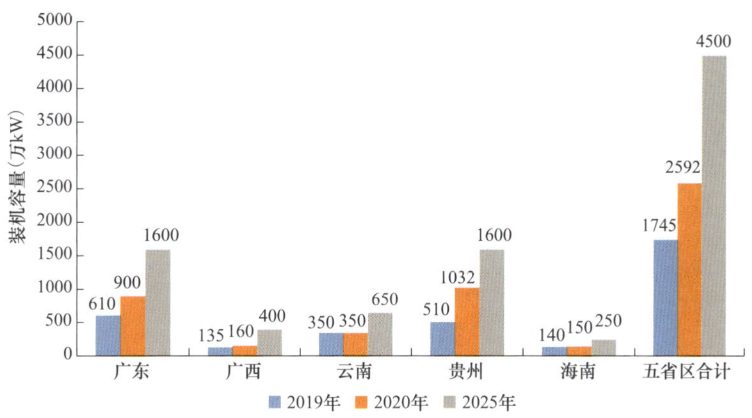

图 4-9　南方五省区 2020 年和 2025 年光伏装机规模预测

4.7　发展建议

加强统筹规划，推动光伏发电协调发展。合理规划光伏发电发展目标，科学引导开发布局。统筹光伏发电与常规电源、电网协调发展，加强光伏发电规划与能源、电力、土地、生态环保等规划衔接。健全完善光伏发电建设管理机制，防范产业经济利益驱动下的政策性投资风险，避免因规模发展过快、布局过度集中导致消纳困难。

大力发展分布式光伏发电，鼓励和引导“自发自用、余量上网”消纳形式。分布式光伏发电可就近消纳，提高能源利用效率，是光伏发展的重要领域。珠三角地区和广西、贵州、云南、海南中心城市屋顶资源丰富，各类产业园区众多，分布式光伏发电开发潜力巨大，应鼓励和引导分布式光伏以“自发自用、余量上网”形式消纳，以实现较好的经济性。

引导光伏发电向多能互补模式转变，促进光伏高质量发展。光伏发电具有间歇性、波动性特点，为平抑出力波动，减轻系统调节压力，可探索风光互补、水光互补、光储结合等多能互补模式，提高能源利用效率和系统安全运行水平，促进光伏发电高质量发展。

第 5 章

生物质能

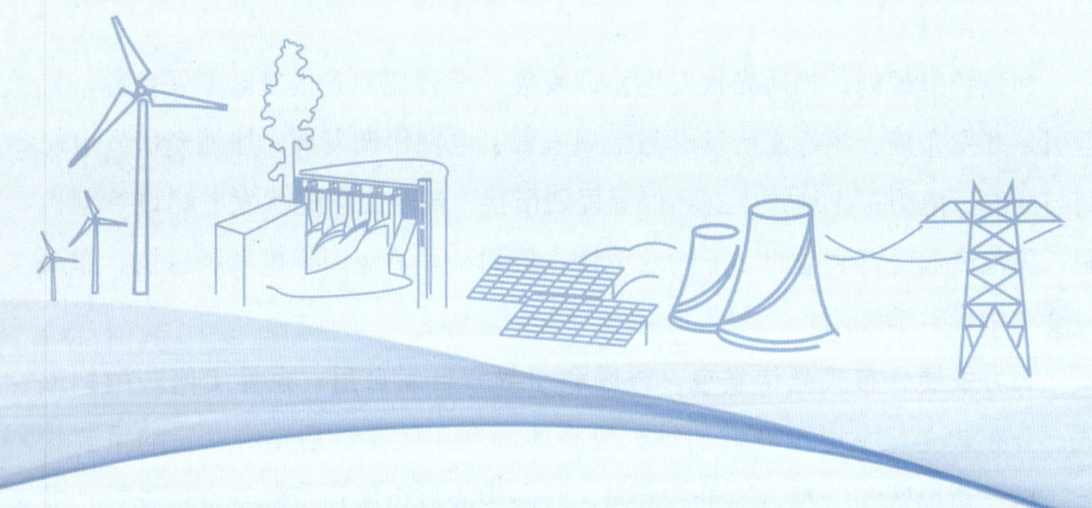

5.1 开发建设

生物质发电装机容量稳步提升。2019 年底，南方五省区生物质发电装机容量 355 万 kW，同比增长 41.4%，占全国生物质发电装机比重由 2010 年的 6.1%提高到 15.7%。南方五省区生物质装机情况如表 5-1 所示。

表 5-1　南方五省区生物质装机情况　单位：万 kW

项目名称	2010 年	2015 年	2016 年	2017 年	2018 年	2019 年
1. 五省区生物质总装机容量	**33**	**117**	**133**	**177**	**251**	**355**
(1) 广东	21	80	91	122	165	252
(2) 广西	3	14	20	25	44	54
(3) 云南	9	12	12	12	13	17
(4) 贵州	0	3	3	10	21	21
(5) 海南	1	8	8	8	8	10
2. 占全国比重	**6.1%**	**10.5%**	**10.9%**	**12.0%**	**14.1%**	**15.7%**
(1) 广东	3.8%	7.2%	7.4%	8.3%	9.3%	11.2%
(2) 广西	0.5%	1.3%	1.6%	1.7%	2.5%	2.4%
(3) 云南	1.5%	1.0%	0.9%	0.8%	0.7%	0.8%
(4) 贵州	0.0%	0.3%	0.2%	0.7%	1.2%	0.9%
(5) 海南	0.2%	0.7%	0.7%	0.6%	0.5%	0.4%

生物质发电进一步向广东、广西两省区聚集。2019 年底，广东生物质发电装机容量 252 万 kW，占五省区总规模的 71.0%；广西生物质发电装机容量 54 万 kW，占比为 15.2%；广东、广西生物质总装机占比合计 86.2%，同比上升 2.9 个百分点。南方五省区生物质发电装机容量占比如图 5-1 所示。

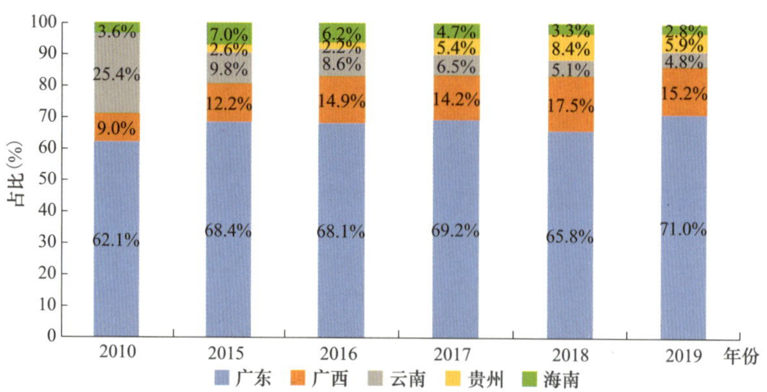

图 5-1　南方五省区生物质发电装机容量占比

生物质发电装机占本省区电源总装机比重稳步提高。2019 年，广东生物质发电装机占总装机的比重为 2.0%，同比上升 0.6 个百分点，高出全国平均水平 0.9 个百分点；广西生物质发电装机占比 1.2%，同比上升 0.2 个百分点，高出全国平均水平 0.1 个百分点；海南与全国平均水平持平；云南、贵州生物质发电装机占比均在 1%以下。南方五省区生物质发电装机占比与全国平均水平对比如图 5-2 所示。

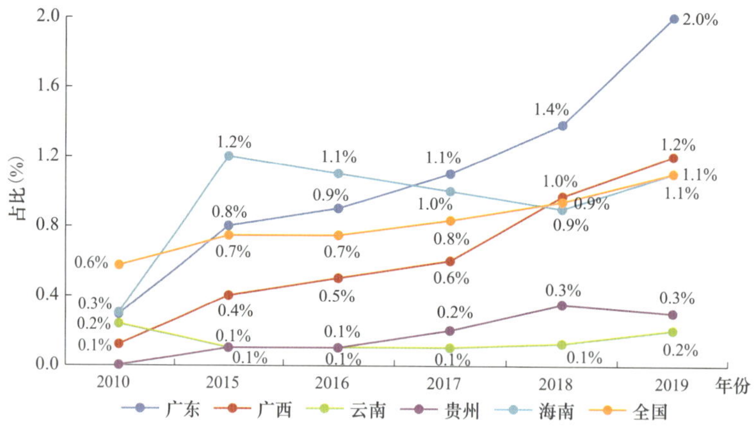

图 5-2　南方五省区生物质发电装机占比与全国平均水平对比

垃圾焚烧发电迎来快速发展。得益于垃圾焚烧发电行业稳定的燃料来源以及成熟的收入模式，市场对垃圾焚烧发电项目的投资预期和热情更高。2019 年，南方五省区生物质发电新增并网装机中垃圾焚烧发电约占 74%，同比上升

4 个百分点，继续领跑生物质发电行业。南方五省区不同燃料类型生物质发电装机占比如图 5-3 所示。

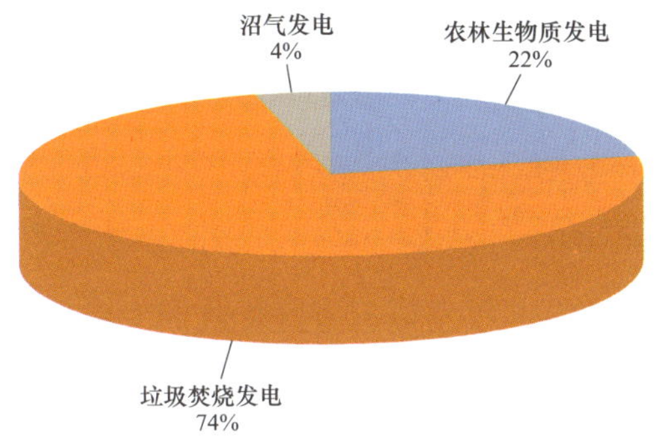

图 5-3　南方五省区不同燃料类型生物质发电装机占比

生物天然气稳步发展。2020 年 1 月，广西百色生物质燃气生产与集中供蒸汽燃气项目投产，年产 1.6 亿 m^3 生物质燃气，标志着生物质热解气化技术大型单体炉在我国成功应用，有利于促进生物质气化技术发展。云南玉溪市通海福慧规模化生物天然气项目 2020 年即将建成投产，具备日产 1.6 万 m^3 规模化生物天然气的能力。

生物质在建及近期规划投产装机容量有所下降。2019 年底，南方五省区生物质发电在建及规划总装机容量 280 万 kW，同比下降 6.9%。广东在建及规划总装机容量 190 万 kW，占五省区总量的 67.9%。南方五省区生物质发电在建及近期规划投产装机容量如图 5-4 所示。

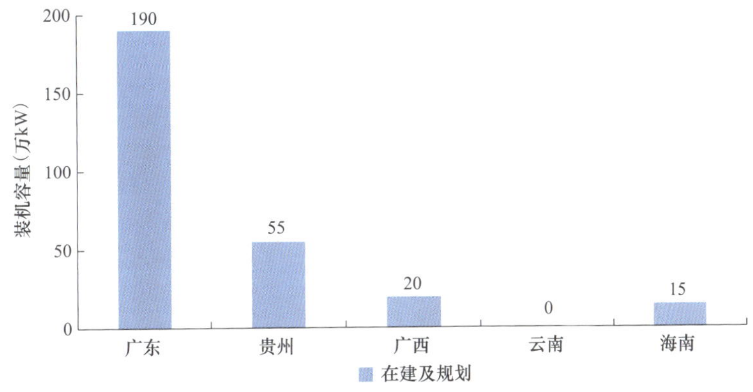

图 5-4　南方五省区生物质发电在建及近期规划投产装机容量

5.2 运行消纳

生物质发电量增长迅速。2019 年，南方五省区生物质发电量 160.2 亿 kW·h，同比增长 27.3%，占南方五省区总发电量的 1.3%，略低于全国平均水平（1.5%）。其中，广东生物质发电量 116.0 亿 kW·h，占五省区生物质总发电量的 72.4%，同比上升 3.7 个百分点。2018—2019 年南方五省区生物质发电量如图 5-5 所示。

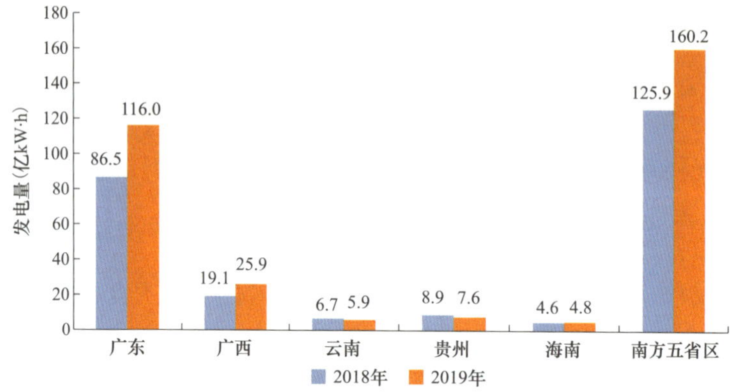

图 5-5　2018—2019 年南方五省区生物质发电量

广东、贵州、海南生物质发电利用小时数较高。2019 年，南方五省区生物质发电利用小时数为 5281h，比 2018 年降低 599h，高于全国平均水平 100h。其中，广东、贵州、海南的生物质发电利用小时数较高，分别为 5662、6193、5640h。2018—2019 年南方五省区生物质发电利用小时数与全国平均水平对比如图 5-6 所示。

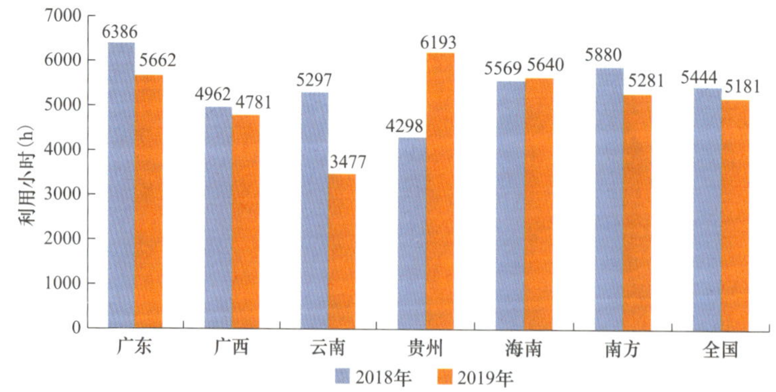

图 5-6　2018—2019 年南方五省区生物质发电利用小时数与全国平均水平对比

5.3　技术发展

生物质发电技术多元化发展。生物质发电技术主要有直燃发电技术、气化发电技术和混燃发电技术。直燃发电技术目前应用较多，40～50MW 级别高温超高压再热机组得到应用，发电效率超过 34%；气化发电技术总体效率较高，整体气化联合循环发电系统效率可以达到 40%以上，但关键技术仍未成熟，尚处在示范和研究阶段；混燃发电技术能够减少化石燃料使用，提高生物质利用效率。2018 年我国开始燃煤耦合生物质发电技改试点项目建设，南方五省区有 8 个项目进入试点名单，其中广东 5 个、广西 2 个、贵州 1 个。

生物天然气技术稳步发展。生物质制备生物天然气主要由原料预处理、厌氧发酵、沼气提纯等环节构成。厌氧发酵技术不断升级，有效提高容积产气率，混合原料高负荷湿法厌氧发酵技术容积产气率 0.7～1.8m^3/（m^3·d）、半干式厌氧发酵技术容积产气率 4m^3/（m^3·d）左右、干法厌氧发酵技术容积产气率一般高于 6m^3/（m^3·d）❶。沼气提纯工艺较为多样，产品气纯度较高，高压水洗、物理吸收、变压吸附、膜分离工艺产品气纯度均达到 96%～98%、化学吸收工艺达到 96%～99%，目前高压水洗市场占有率最高，达到 41%❷。

5.4　发电成本和电价

5.4.1　工程造价

不同类型生物质项目造价差异较大。农林生物质发电项目单位千瓦造价约

---

❶ 数据来源：生物质能源产业技术创新战略联盟，生物燃气科技创新与产业发展。

❷ 数据来源：农业农村部规划设计研究院，国际生物天然气产业发展现状及趋势。

8000 元，成本构成以热力系统和燃料供应为主；城市生活垃圾焚烧发电项目单位日吨垃圾处理规模造价约 50 万元，成本构成以焚烧和余热系统为主；生物天然气成本较高，日万标立方米生产规模造价约 1.1 亿元[1]，成本构成以发酵系统为主。

5.4.2 度电成本

生物质发电度电成本趋于平稳。农林生物质发电项目平均度电成本 0.45～0.55 元/（kW•h），垃圾焚烧发电项目平均度电成本 0.6～0.7 元/（kW•h），填埋气发电、沼气发电项目平均度电成本 0.5～0.65 元/（kW•h）[2]。

5.4.3 上网电价

不同类型生物质发电项目执行不同的上网电价。根据国家发展改革委发布的《关于完善农林生物质发电价格政策的通知》（发改价格〔2010〕1579 号）和《关于完善垃圾焚烧发电价格政策的通知》（发改价格〔2012〕801 号），农林生物质发电项目实行标杆上网电价 0.75 元/（kW•h）；垃圾焚烧发电项目按其入厂垃圾处理量折算成上网电量进行结算，每吨生活垃圾折算上网电量暂定为 280kW•h，并执行全国统一垃圾发电标杆电价 0.65 元/（kW•h），其余上网电量执行当地同类燃煤发电机组上网电价。广东垃圾填埋气发电、沼气发电项目的上网电价均为 0.689 元/（kW•h）。

5.5 发展政策

稳步推进生物质发电，加快垃圾焚烧发电设施建设。2020 年 4 月，国家发

[1] 数据来源：水电水利规划设计总院，中国可再生能源发展报告 2018。

[2] 数据来源：中国节能，长江经济带沿线城市垃圾焚烧发电情况。

展改革委发布《**关于稳步推进新增农林废弃物发电项目建设有关事项的通知**》**（征求意见稿）**，明确了国家继续支持农林生物质发电项目的系列政策，提出了农林废弃物发电项目规划、建设、管理、补贴等相关要求。

2020 年 2 月，国家发展改革委下达《**关于贯彻落实促进非水可再生能源发电健康发展若干意见，加快编制生活垃圾焚烧发电中长期专项规划的通知**》，要求各省、市、自治区加快组织编制生活垃圾焚烧发电中长期专项规划。

2019 年 8 月，云南省发展改革委员会发布《**云南省生活垃圾焚烧发电中长期专项规划（2019—2030 年）**》，规划近期（2020 年底），云南拟建生活垃圾焚烧发电厂 14 座、装机容量 18.45 万 kW；规划远期（到 2030 年底），拟建生活垃圾焚烧发电厂 32 座、装机规模 30.15 万 kW。

加快生物天然气产业化发展步伐，推进生物质非电利用。2019 年 12 月，国家十大部委联合发布《**关于促进生物质天然气产业化发展的指导意见**》（**发改能源规〔2019〕1895 号**），明确生物天然气产业化发展目标，到 2025 年生物天然气具备一定规模，年产量超过 100 亿 m^3；到 2030 年生物天然气实现稳步发展，年产量超过 200 亿 m^3，占国内天然气产量一定比重。

5.6 发展展望

我国生物质发电装机提前完成“十三五”规划目标。2019 年底，我国生物质发电项目并网装机容量 2254 万 kW，占全国发电装机比重 2.8%，发电量 1111 亿 kW•h，占全国发电量比重 1.5%，已经提前完成了《生物质能发展“十三五”规划》提出的 2020 年规划目标值。

南方五省区生物质发电装机仍将稳步增长，新增规模主要集中在广东、广西和贵州。预计 2020 年南方五省区生物质发电装机容量 505 万 kW，占五省区电源总装机比重 1.3%，同比提高 0.3 个百分点；占五省区可再生能源装机比重 2.7%，同比提高 0.6 个百分点。根据五省区生物质能发展初步规划，预计

2025 年生物质发电装机容量将达到约 740 万 kW，占可再生能源装机比重 2.9%，比 2020 年提高 0.2 个百分点。南方五省区 2020 年和 2025 年生物质发电装机规模预测如图 5-7 所示。

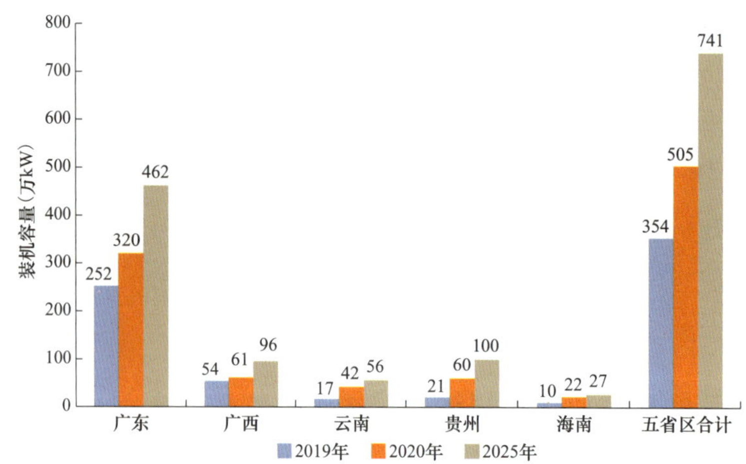

图 5-7　南方五省区 2020 年和 2025 年生物质发电装机规模预测

5.7　发展建议

加强生物质开发利用技术研发，提高利用效率。研究大容量、高参数垃圾焚烧余热锅炉技术、高温超高压再热机组技术、燃气轮机技术，提升发电效率，降低运行维护成本和污染物排放；探索生物质混燃发电技术，降低化石燃料使用，提高生物质利用效率；研究干式厌氧发酵技术、沼气提纯技术，提高容积产气率和产品气纯度，推动生物天然气规模化发展。

引导生物质利用向多联产高附加值模式转变，促进行业健康可持续发展。积极发展分布式农林生物质热电联产项目，对原有纯发电项目进行热电联产改造，提高项目综合效益；探索生物质秸秆气化热电肥联产，提升秸秆处理能力，增加沼气、有机肥产出，实现资源的最大化利用；建立生物质综合利用示范区，推动生物质利用从单一原料和产品模式转向原料多元化、产品多样化和

多联产的循环经济梯级综合利用模式。

加大资金支持力度，探索融资合作模式。加大生物质开发利用技术研发投入，支持生物质发电企业进行热电联产改造，降低公共事业附加费，保障补贴资金及时到位，给予企业税收优惠政策；支持生物质项目利用绿色债券、政府和社会资本合作等方式拓宽融资渠道，鼓励社会资本投资生物质技术研发，延长生物质项目贷款年限，下调贷款利息。

第 6 章

可再生能源发电热点问题分析

6.1　南方五省区分布式新能源发展形势

6.1.1　分布式新能源发展概况

（1）发展概况。

分布式光伏装机容量及发电量快速增长。2019 年，南方五省区分布式光伏装机容量 395 万 kW，同比增长 31.1%，占光伏总装机容量的 22.3%；发电量 31.2 亿 kW·h，同比增长 33.2%，占光伏总发电量的 21.0%。分布式光伏主要集中在广东，其装机及发电量分别占南方五省区的 78%和 82%。“十三五”前四年南方五省区分布式光伏装机及增速如图 6－1 所示。

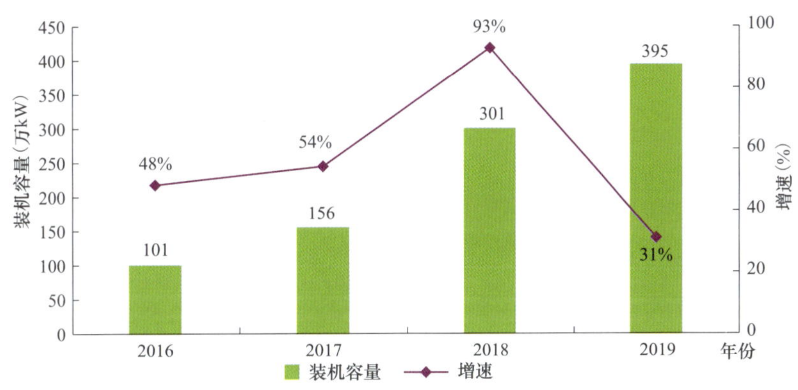

图 6－1　“十三五”前四年南方五省区分布式光伏装机及增速

分散式风电破冰启动。2019 年，南方五省区分散式风电装机容量 0.7 万 kW，为广东揭阳惠来县靖海镇石沃分散式风电试验项目（2019 年 12 月投产）。

（2）并网效益

清洁替代及安全效益。大力推动分布式新能源发展，有利于优化能源结构，减少煤炭、石油等化石资源消耗，提升清洁能源供给，实现能源供应多元化，对保障能源安全具有积极的现实意义。据测算，2019 年南方五省区分布式光伏发电量等效替代化石能源消费约 100 万 t 标煤。

环境效益。为应对全球气候变化，落实《巴黎气候变化协定》，全球能源发展加速向绿色低碳化转型。分布式新能源发电过程几乎不向外界排放污染物，在低碳减排方面效果显著。据测算，2019年南方五省区分布式光伏发电量等效减少二氧化硫0.15万t、氮氧化物0.14万t、二氧化碳253.9万t，按照0.16～0.3元/（kW·h）减排成本测算，对应的减排效益5.0亿～9.4亿元。

经济及节能效益。分布式新能源投资少、占地小、选址灵活，可就近满足负荷中心区、海岛、边远无电地区供能需求，有利于减少电网投资，降低输电损耗，提高能源利用效率。

6.1.2 分布式新能源发展形势

分布式新能源发展正处在新旧动能转换的关键时期，发展形势受资源条件、消纳市场、政策环境、技术创新、成本变化、模式创新等影响。

资源条件方面。南方五省区太阳能资源可支撑发电装机规模约9400万kW，陆地70、80、90m高度风能资源技术可开发量分别约为4800万、9400万、23 800万kW，分布式新能源可开发利用其中部分资源。

消纳市场方面。2019年，南方五省区分布式新能源装机容量395.7万kW，占总电源装机容量的1.1%，预计“十四五”期间分布式新能源占比不超过3%，电网足以满足其消纳要求。

政策环境方面。近年来，国家多次出台新能源调价政策，加快补贴退坡力度，推进无补贴平价上网，导致分布式新能源收益下降，驱使分布式新能源向资源优良、建设成本低、投资和市场条件好的地区发展。

发电技术创新方面。新型高效太阳能电池技术更新换代快，转换效率提升快。2019年，使用PERC技术的单晶和多晶电池效率分别为22.3%和20.5%，2025年有望达到24.0%和21.7%；大功率、低风速风电技术稳步发展。我国2.5、3MW风电机组将逐渐替代2MW风电机组，可开发风速最低可达4.5m/s。

成本变化方面。光伏发电得益于技术进步和规模化应用，发电成本不断下

降，2019 年单位造价 3840 元/kW，2025 年有望下降到 3240 元/kW；风电技术虽较为成熟，成本受风机价格影响，降价空间有限，预计 2025 年单位造价为 6000 元/kW。

支撑技术创新方面。智能电网技术支撑分布式新能源高效并网利用，通过智能微电网、虚拟电厂和多能互补提高分布式新能源的友好并网水平和电网可调控容量；区块链、“云大物移智”等数字化技术支撑分布式发电市场交易和业务发展，提高可视性、运营效率并简化监管流程。

模式创新方面。分布式新能源除直接接入配电网外，还能与储能系统结合，构建区域能源网络和智能微电网，实现“横向多能源互补、纵向源网荷储协调”为主要特征的综合能源服务，提高能源利用效率和项目盈利水平。

综合以上形势，“十四五”期间应鼓励和引导南方五省区分布式光伏在负荷中心区域发展，以自发自用形式消纳；因地制宜发展分散式风电，推进试点项目建设；推动分布式新能源发展由单一模式向多元模式过渡。

6.1.3　分布式新能源发展政策建议

加强规划衔接，优化资源配置。加强与国民经济和社会发展计划相衔接，鼓励在电价承受能力较强的地区布局分布式新能源；加强与当地资源条件相衔接，合理规划分布式新能源规模和布局；加强与电网规划相衔接，科学确定电网接纳分布式新能源的容量、并网条件、涉网性能要求等，促进分布式发电发展并保障电网安全运行。

加快突破关键技术，推动产业高质量发展。研究应用新型高效太阳能电池、轻量化光伏组件、低风速、大功率风电机组等关键技术，拓宽资源开发范围和应用场景，提升风电光伏利用效率，降低发电成本；加快智能电网关键技术（包括柔性输电、主动配电网、智能微网、大规模风电光伏并网和控制等）、数字化技术（包括区块链、“云大物移智”技术等）、需求侧响应技术、先进储能技术等的推广应用，改善风光出力特性，提高分布式新能源渗透率；完善风电、光伏产业链供应链，提高国产化比例，促进分布式发电设计制造技术不断改进，推动发电成本持续下降。

完善技术标准，建立规范化管理体系。加快制定分布式新能源设备、部件、施工、运维等技术标准和规范，并依据科技进步成果转化水平滚动修编，保证产品质量、施工及运维水平，促进技术进步和产业良性循环；加紧制定和修订适合分布式新能源发展的智能电网技术标准，满足新时期分布式新能源高效并网和电网安全稳定运行要求；尽快修订和补充行业标准，突出分布式新能源的地位和重要意义；鼓励企业制定相关技术标准。通过全面制定和修订分布式新能源技术标准，构建分布式新能源规范化生产、管理、服务体系。

加大政策支持力度，营造良好发展环境。由于分布式新能源自发自用之外的余电上网执行当地煤电基准电价，项目自发自用比例降低将会造成效益低下，而实际运行中仍存在用户用电不稳定、自发自用比例高的项目较少、电费回收困难等问题，分布式发电项目短期内还离不开阶段性的政策扶持和补贴倾斜。建议国家优先发放分布式新能源补贴资金，结合可再生能源消纳责任权重、发电权交易等，全面推行绿色电力证书交易，扩大交易规模，增加分布式新能源市场收入；同时加大与国土、环保等部门的协调，推动降低非技术成本，鼓励和支持企业、科研院所进行产学研合作，为分布式新能源营造良好的发展环境。

6.2 南方五省区新能源发电平价分析

6.2.1 新能源投资及运维成本

光伏组件、风电机组等主要设备在新能源初始投资中占比大。地面光伏和分布式光伏初始投资包括组件、逆变器、支架、建筑安装、一次设备、二次设

备、电缆及其他成本，光伏组件占投资成本的比重分别为 39%❶、45%。陆上风电初始投资包括风机、建设、接网、规划费用及杂项，风机占投资成本的 64%❷。海上风电初始投资包括风机、塔筒、桩基础、海上升压站、陆上集控中心、电缆及其他成本，风机占投资成本的 41%。新能源项目投资成本如图 6-2所示。

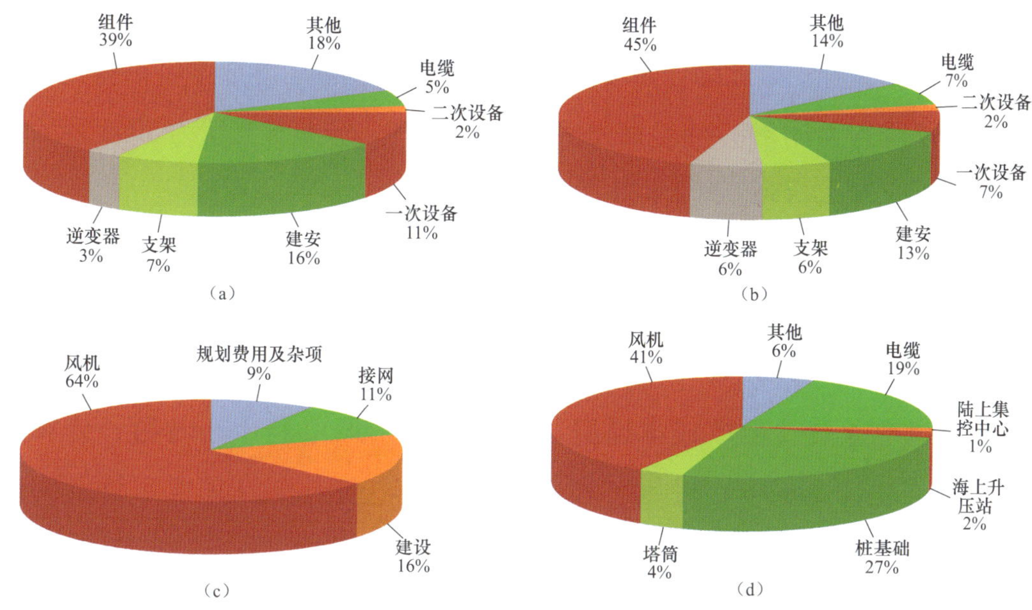

图 6-2 新能源项目投资成本分析

(a) 地面光伏；(b) 分布式光伏；(c) 陆上风电；(d) 海上风电

在技术进步和规模化发展推动下，新能源初始投资成本不断下降。新型高效太阳能电池技术更新换代快，转换效率提升快，组件价格持续降低，初始投资成本有较大下降空间，预计 2025 年地面光伏为 3850 元/kW、分布式光伏为 3240 元/kW❸；陆上风电技术较为成熟，机组价格基本维持在 4000 元/kW 左右，初始投资成本下降空间有限，预计 2025 年为 6000 元/kW；海上风电产业

❶ 数据来源：中国光伏行业协会，中国光伏产业发展路线图（2019 年版）。

❷ 数据来源：国网能源研究院有限公司，“十四五”新能源发展研判及需要关注的问题。

❸ 数据来源：中国光伏行业协会，中国光伏产业发展路线图（2019 年版）。

链供应链逐步完善，勘察、设计、施工技术不断提高，初始投资成本有一定下降空间，预计 2025 年为 13 000～15 000 元/kW。

新能源运维成本维持现有水平并略有下降。新能源运行维护费主要包括常规检修费、故障维修费、备品备件购置费、保险费以及人工费用。新能源运营初期运维成本较低，随着运营时间增加及设备老化，运维成本相应增加；但随着数字化、智能化技术的推广应用及专业化规范化运维市场的逐步建立，运维成本可进一步下降。因此综合来看，近几年新能源项目运维成本将保持现有水平并略有下降，预计 2025 年地面光伏为 40 元/kW、分布式光伏为 50 元/kW❶、陆上风电为 120 元/kW、海上风电为 450 元/kW。

6.2.2 新能源平价分析

（1）风电平价分析

根据风电投资及运维成本预测结果和五省区风电利用小时数，计算风电项目平准化度电成本，对比五省区燃煤基准电价，测算风电平价上网经济性。

2019 年南方五省区燃煤基准价在 0.335 8～0.453 元/（kW·h）范围内，假定“十四五”期间保持不变。“十四五”期间，南方五省区陆上风电度电成本预计在 0.297～0.497 元/（kW·h）（不含税）之间，云南度电成本最低，海南最高。由于广东、广西、海南燃煤基准价较高，云南陆上风能资源条件较好，四省区“十四五”期间均能实现平价上网。贵州在风能资源条件和低燃煤基准价双重因素影响下，“十四五”期间平价上网压力较大。“十四五”期间南方五省区陆上风电度电成本变化情况如图 6-3 所示。

“十四五”期间，广东海上风电度电成本预计在 0.556～0.723 元/（kW·h）（不含税）之间，基本无平价上网的可能性。

---

❶ 数据来源：中国光伏行业协会，中国光伏产业发展路线图（2019 年版）。

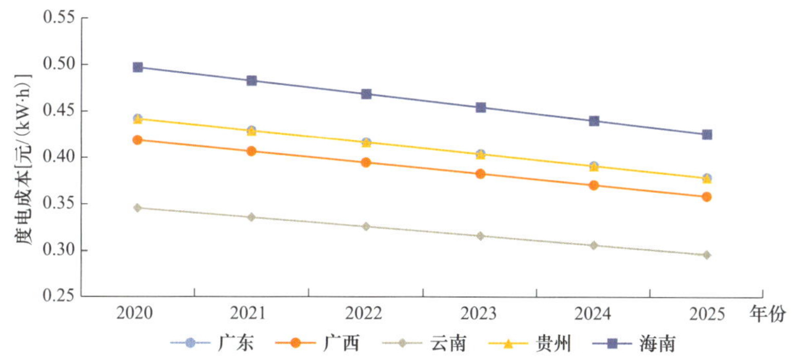

图 6-3　“十四五”期间南方五省区陆上风电度电成本变化情况

(2) 光伏发电平价分析

地面光伏平价分析。根据地面光伏投资及运维成本预测结果和五省区光伏发电利用小时数，计算地面光伏平准化度电成本，对比五省区燃煤基准电价，测算地面光伏平价上网经济性。

“十四五”期间，南方五省区地面光伏度电成本预计在 0.334～0.499 元/（kW•h）（不含税）之间，广东、广西、海南燃煤基准价较高，云南太阳能资源条件较好，四省区“十四五”期间均能实现平价上网。贵州在太阳能资源条件和低燃煤基准价双重因素影响下，“十四五”期间平价上网压力较大。“十四五”期间南方五省区地面光伏度电成本变化情况如图 6-4 所示。

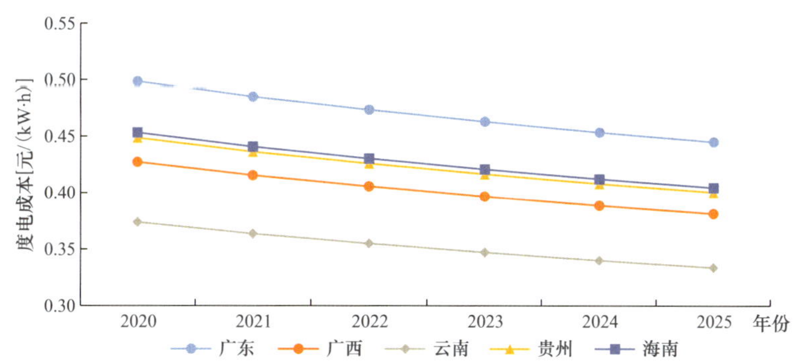

图 6-4　“十四五”期间南方五省区地面光伏度电成本变化情况

分布式光伏平价分析。根据分布式光伏投资及运维成本预测结果和五省区分布式光伏利用小时数，计算分布式光伏平准化度电成本，按照五省区燃煤基准电价的 30%与一般工商业电价的 70%之和作为收益电价❶，测算分布式光伏平价上网经济性。

2019 年，南方五省区收益电价在 0.433～0.626 元/（kW•h）范围内，假定“十四五”期间保持不变。“十四五”期间，南方五省区分布式光伏度电成本预计在 0.354～0.568 元/（kW•h）（不含税）之间，均具备平价上网的经济性条件。分布式光伏靠近负荷，能充分利用一般工商业电价较高的优势实现较好的经济效益，自发自用比例越高，效益越好。“十四五”期间南方五省区分布式光伏度电成本变化情况如图 6-5 所示。

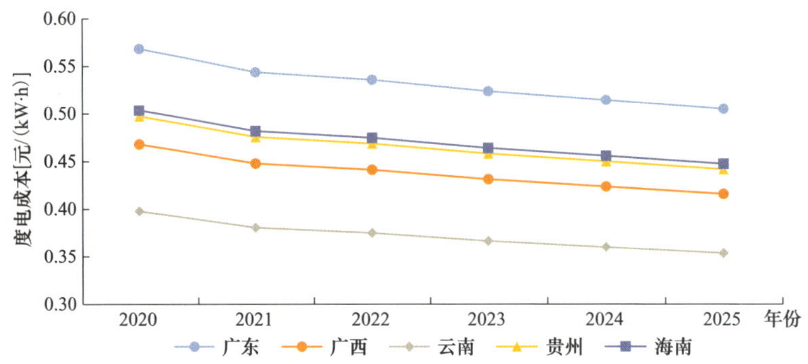

图 6-5　南方五省区分布式光伏度电成本变化情况

6.2.3　考虑消纳成本后新能源平价分析

（1）新能源消纳成本

新能源出力特性。新能源出力具有随机性、波动性和反调峰特点，大规模、高比例接入将加大电力系统潮流、电压、频率控制难度，增加系统调峰压力和运行不确定性，提高系统备用电源、调峰电源和电网配套送出成本，推高

❶ 数据来源：国网能源研究院有限公司，中国新能源发电分析报告 2019。

终端用户用电成本。

新能源消纳成本测算。新能源消纳成本主要包括送出输配电成本以及为平抑出力波动配置的储能系统成本。据初步测算，南方五省区海上风电平均输配电成本为 0.004～0.082 元/（kW·h），陆上风电、光伏发电由于靠近负荷，暂不考虑输配电成本。按配置储能后新能源出力特性与负荷特性基本匹配的原则，考虑光伏发电项目配套 10%储能，风电项目配套 20%储能。以电化学储能造价 1500 元/（kW·h）、电池寿命 15 年、连续充放电时间 1～3h 为条件，测算地面光伏配套储能系统成本为 0.027～0.036 元/（kW·h）、陆上风电 0.028～0.041 元/（kW·h）、海上风电 0.022～0.033 元/（kW·h）。

（2）考虑消纳成本后风电平价分析

考虑消纳成本后，“十四五”期间南方五省区陆上风电度电成本预计在 0.325～0.538 元/（kW·h）（不含税）之间，广东、广西、云南“十四五”期间可能实现平价上网，海南、贵州平价上网压力较大。计及消纳成本后南方五省区陆上风电度电成本变化情况如图 6-6 所示。

“十四五”期间，广东海上风电度电成本预计在 0.638～0.805 元/（kW·h）（不含税）之间，无平价上网可能性。

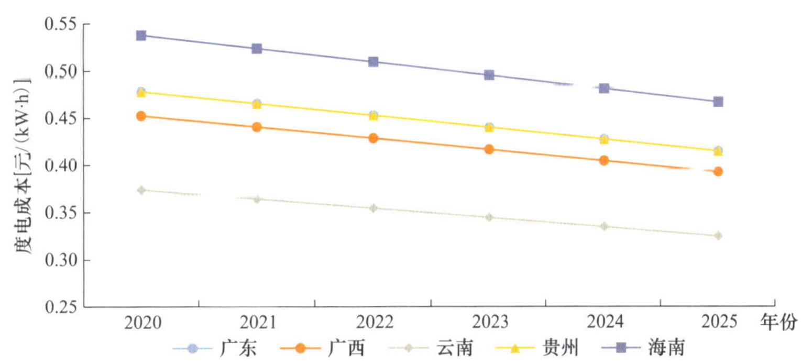

图 6-6　计及消纳成本后南方五省区陆上风电度电成本变化情况

（3）考虑消纳成本后光伏发电平价分析

考虑消纳成本后，“十四五”期间南方五省区地面光伏度电成本预计在

0.361～0.535 元/（kW•h）（不含税）之间，广西“十四五”期间可能实现平价上网，其他四省平价上网压力较大。计及消纳成本后南方五省区地面光伏度电成本变化情况如图 6-7 所示。

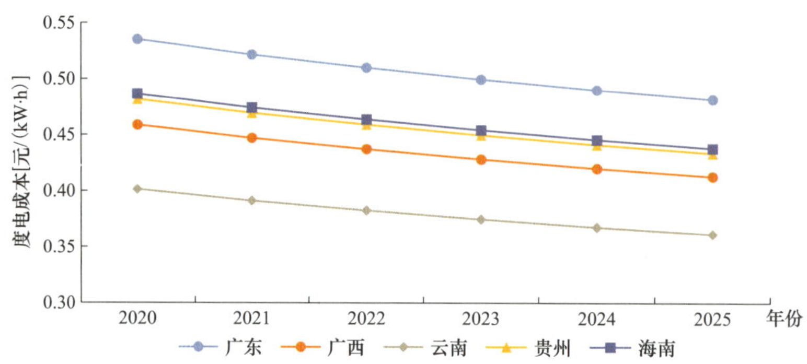

图 6-7　计及消纳成本后南方五省区地面光伏度电成本变化情况

6.3　电力需求响应

6.3.1　发展现况

电力需求响应通过设计合理的响应机制与激励措施引导用户改变用电行为习惯，可有效弥补电力缺口，强化负荷侧多能协同，降低火电调峰需求，促进可再生能源全额消纳，是加快构建清洁低碳、安全高效现代能源系统的重要手段。

（1）基于价格的电力需求响应

峰谷分时电价。峰谷分时电价能够有效调节用电峰谷差，提高用电能效水平。我国从 20 世纪 80 年代开始实施峰谷分时电价，由于不同地区的电网负荷情况、行业结构、气候条件等存在差异，因此各地制定的分时电价政策也不尽相同，在季节、时段划分、时段数量、比价关系方面都存在差异。

南方五省区电网峰谷分时电价执行情况如表 6-1 所示。从目前五省区电价政策来看，广西电网尚未执行峰谷分时电价，贵州电网峰谷分时电价仅涵盖电

动汽车充换电设施、电储能用电用户；广东、云南、海南三省执行峰谷分时电价地区主要涵盖大工业用户、一般工商业用户，此外广东还涵盖了居民用户。从峰谷电价比来看，目前南方五省区现行峰谷电价比基本为 2～3 倍。

表 6-1　　南方五省区电网峰谷分时电价执行情况

省区	执行范围	电价峰平谷比
广东	大工业用户、一般工商业用户、居民用户	1.65∶1∶0.5
广西	—	—
云南	大工业用户、一般工商业用户	1.5∶1∶0.5
贵州	电动汽车充换电设施、电储能用电用户	1.8∶1
海南	大工业用户、一般工商业用户、电动汽车充换电设施	1.62∶1∶0.52

尖峰电价。尖峰电价指在阶梯电价或分时电价的基础上，叠加一个费率特别高的峰荷期价格。与分时电价的高峰时段不同，尖峰电价期可以不固定，在用电最高峰期或系统出现紧急情况时，电力部门提前通知用户在特定情况下所采取的特殊电价，往往每年仅有几天或几小时。国家发展改革委《关于完善电力应急机制做好电力需求侧管理城市综合试点工作的通知》（发改运行〔2015〕703 号）要求，提出“在试点城市建立长效机制，制定、完善尖峰电价或季节电价”。目前我国主要在北京、河北、浙江、江苏、重庆、山东等地试点尖峰电价政策。

实时电价。与分时电价、尖峰电价相比，实时电价价格不能提前设定，实施难度较大，需要完善的电力市场体系及智能电网技术作为支撑。我国实时电价制度仍处于起步阶段，随着电力市场完善和智能电网发展，实时电价有望在我国有序开展。

（2）基于激励的电力需求响应

基于激励的电力需求响应处于试点及推广阶段。基于激励的电力需求侧响包含直接负荷控制、可中断负荷控制、需求侧竞价、紧急需求响应，当前主要侧重于可中断负荷的用户响应应用。2012 年至今，国家及地方政府出台了许多电力需求响应相关政策和指导文件，在分布式能源快速发展、参与实体多元化发展背景下，鼓励和支持电力需求响应试点和推广工作。近年来，国内江苏、上海、北京、山东、广东等地陆续开展了激励型需求侧响应的试点建设工作，为需求侧响应的进一步推广应用积累了许多的宝贵经验。

广东佛山在南方五省区率先开展了需求侧响应试点项目。佛山市电力需求响应试点签约电能服务商 3 家，自主申报企业 13 家，总签约企业达 153 家，签约协议削减总量 21.08 万 kW，其中通过电能服务商签约企业共 140 家，签约协议削减量为 19.86 万 kW，占签约协议削减总量的 94.2%。2015 年 9 月—2016 年 11 月，佛山多次开展需求响应试点运行，其中全市集中试运行事件就达到 5 次，事件持续时间分别为 1h 和 2h。最大一次规模的同时参与企业达 133 家，最少同时参与企业数为 46 家。测试连续两天的响应事件共 1 次，测试最大削减量 19.8 万 kW，最小削减量 3.9 万 kW。

6.3.2 响应资源

我国电力需求响应潜力巨大。为应对日益突出的季节性、突发性电力供需不平衡以及大规模可再生能源接入困难等问题，《电力需求侧管理办法（修订版）》提出了“逐步形成占年度最大用电负荷 3%左右的需求侧机动调峰能力，保障非严重缺电情况下的电力供需平衡”的要求。据此估计，全国电力需求响应理论容量应达 3000 万 kW 左右。目前仅上海、江苏、山东等地开展了区域性、非常态化的需求侧响应试点，国内需求侧响应市场具有庞大的开发空间。

目前我国需求侧响应的调控资源类型可分为如下几类：

1）可调负荷。包括空调、电机、照明等。据国家电网有限公司统计，国家电网辖区内空调负荷增长迅猛，其负荷量占最大负荷总量 47%。其中，非工业空调由于具备临时调节时不影响用户体验且不造成经济损失的优点，因此是

目前可调负荷中较常使用的需求侧响应资源。

2）电动汽车。截至2019年底，电动汽车保有量达381万辆，未来随着V2G（Vehicle to Grid）技术及电池材料技术的进一步突破，电动汽车占市场规模比例将进一步上升，规模庞大的电动汽车有望成为重要的需求侧响应资源。

3）储能系统。按存储方式可划分为机械型、电化学型、相变型等。据调研了解，目前抽水蓄能装机比例达94%，电化学储能3.6%，熔融盐储热1.5%，飞轮储能0.3%，压缩空气储能0.2%。而锂离子电池是目前电化学储能中的主流电池储能类型，其占比达86%。

4）分布式能源。现阶段具备需求侧响应能力的分布式能源主要包括分布式光伏、分散式风电、天然气分布式能源、分布式生物质发电、分布式余热发电、分布式煤层气发电等。

5）自备电厂。根据统计资料，2018年全国自备电厂装机容量1.15亿kW。

6.3.3 发展政策

2017年以来，国家相继出台了一系列政策，如附录G所示，对需求侧响应的规模、结算方式等提出了要求。2017年3月出台的**《关于有序放开发用电计划的通知》（发改运行〔2017〕294号）**，明确提出逐步形成占最大用电负荷3%左右的需求侧机动调峰容量。

2017年9月出台的**《关于深入推进供给侧结构性改革做好新形势下电力需求侧管理工作的通知》（发改运行规〔2017〕1690号）**，指出要支持、激励各类电力市场参与方开发和利用需求侧响应资源，提供有偿调峰、调频服务，逐步形成占年度最大用电负荷3%左右的需求侧机动调峰能力。

2018年6月出台的**《关于做好2018年迎峰度夏期间煤电油气运保障工作的通知》（发改运行〔2018〕855号）**，要求"用户侧要加强电力需求侧管理，建立和完善需求侧响应机制，努力形成占本地最高用电负荷 3%左右的需求侧响应能力”。

2018 年 10 月出台的《**清洁能源消纳行动计划（2018—2020 年）**》（**发改能源规〔2018〕1575 号**），提出推动电力需求响应规模化发展，鼓励大工业负荷参加辅助服务市场，发挥价格敏感型高载能负荷的灵活用电潜力，消纳波动性可再生能源。加快出台需求侧响应激励机制，培育需求侧响应聚合服务商等新兴市场主体，释放居民、商业和一般工商业负荷的用电弹性，将电力需求侧资源纳入电力市场。

2018 年 11 月出台的《**关于印发电力市场运营系统现货交易和现货结算功能指南（试行）的通知**》（**发改办能源〔2018〕1518 号**），提出了明确的需求侧响应结算要求。

6.3.4 商业模式

2016 年，GB/T 32672—2016《电力需求响应系统通用技术规范》，将需求侧响应的参与者定义为 5 个，分别是电能供应商、需求侧响应监管者、需求侧响应服务管理者、需求侧响应聚合商和电力用户。目前，在中国的电力市场架构中，5 个需求侧响应参与者可以划分为 3 个参与主体，分别是政府（需求侧响应监管者）、电网公司（电能供应商和需求侧响应服务管理者）和需求侧响应提供商（需求侧响应聚合商和电力用户）。

政府负责市场的监管。包括对电网公司制定的电价、激励等政策的审核和对用户的宣传引导。通过鼓励负荷聚合商、智能家电厂商、分布式电源厂商、分布式储能和电动汽车的发展，推动需求侧响应市场的活跃和技术的革新。

电网公司负责需求侧响应市场的运营管理。建立透明公开的交易体系，使需求侧响应工作健康有序发展。通过制定合理的政策，提高需求侧响应提供商参与需求侧响应市场的积极性。此外，电网公司负责开发和完善相关交易平台并提供技术支持。

需求侧响应提供商提供需求侧响应的实体。我国负荷聚合商的发展刚刚起步，为鼓励更多用户参与需求侧响应，需求侧响应提供商包含大工业用户、普通工商业用户和普通居民用户，并不建议设置响应容量限制。同时，需求侧响应提供商也可以是分布式电源公司、充电站运营公司和智能家电厂商等。

我国处于电力需求响应市场建立初期，商业模式如图 6-8 所示。政府负责市场管理并制定灵活的电价政策；电网公司负责市场运营，建立交易体系，完善相关政策和技术平台，获得固定的劳务收益，不参与市场的竞争获益；需求侧响应提供商在响应成功后获得相应的补贴，包括资金补贴、电费抵扣等方式；电力用户是需求侧响应市场资金的根本来源，通过不同时段有区分度的电价政策，获得资金收益。

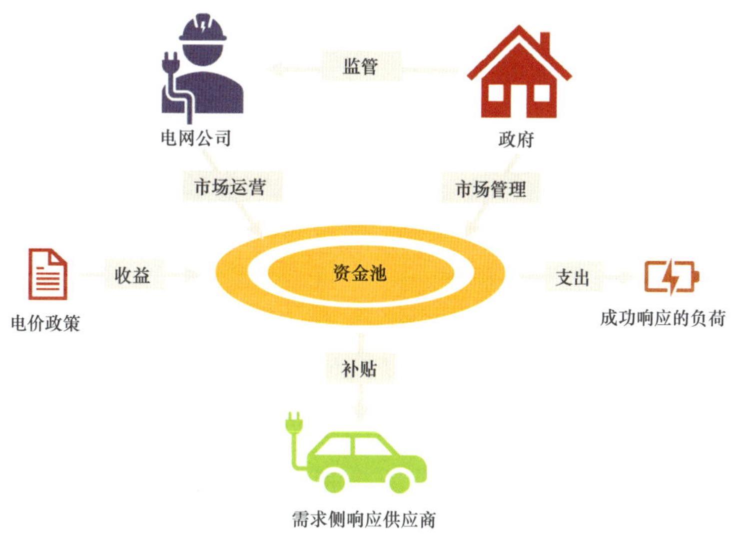

图 6-8　电力需求响应市场初期商业模式

6.3.5　关键技术

(1) 自动需求侧响应技术

自动需求侧响应不依赖于任何的人工操作，通过接受价格或激励信号触发预编程好的需求侧响应策略，当用户不愿接受这种响应策略时也可以选择退出。自动需求侧响应可以大大提高需求侧响应的时效性、可靠性、灵活性和成本效益，实现从优化电能配置拓展到向系统提供实时辅助服务，将需求侧响应纳入实时调度范畴，充分利用负荷的实时可调节潜力，极大地提高系统接入间歇性电源能力和安全稳定运行能力。

当前我国对自动需求侧响应技术的研究、应用和推广仍在探索过程当中。近几年来，我国上海、江苏、北京、佛山等省市都已开展过自动需求侧响应，取得一定成效。上海市提出虚拟电厂的概念，可以理解为自动的需求侧响应。江苏省参与实时需求侧响应的用户必须具备可立即中断或快速中断的特性，在接受响应指令后实现实时自动需求侧响应功能。北京市实施的需求侧响应项目分为两类，一类是手动需求侧响应，一类是自动需求侧响应，自动需求侧响应项目提前通知时间短，但补贴标准也更高。广东佛山在电力需求侧管理平台基础上，拓展自动需求侧响应基础功能，于 2015 年开始实施自动需求侧响应项目，试点期为 3 年。

（2）负荷聚合技术

对于电力系统来说，电力负荷分布较为分散，个体电力负荷功率相对于规模庞大的电网来说微不足道，电力公司无法实现对个体负荷进行直接、实时、精确的调节，因此负荷聚合成为负荷参与电力系统运行优化的有效措施。在电力市场改革的背景下，合理高效的负荷聚合技术已成为售电商及负荷聚合商的核心竞争力之一，挑选合适的用户及负荷作为聚合对象并与之签订合同，通过负荷聚合技术充分挖掘负荷侧响应潜力的同时为电力市场提供多种辅助服务，可最大化负荷资源的经济价值。2017 年发布的 DL/T 1759－2017《电力负荷聚合服务商需求响应系统技术规范》，规定了电力负荷聚合服务商需求侧响应系统工作环境要求、系统设计要求、系统功能要求、系统主要性能指标，保障需求侧响应信息在上层需求侧响应系统与聚合商间的无缝交互。

(3) 节约电力测量与验证技术

节约电力测量和验证技术用于评价需求侧响应的执行效果，以核证方案的科学性、经济性、合理性、公平性。不合理的需求侧响应方案将对用户的正常生产行为和经济效益产生较大影响，同时降低用户满意度，也将对电力企业的售电量产生不利的影响。2018 年发布的 GB/T 37016—2018《电力用户需求侧响应节约电力测量与验证技术要求》，规定了电力用户需求侧响应节约电力测量与验证的相关定义、工作程序、方法、要求以及方案等。

(4) 高级测量体系技术

先进计量技术、通信技术与控制技术构成高级量测体系（Advanced Metering Infrastructure，AMI），随着计量、通信和控制技术的进步，高级量测体系技术通过测量、采集、传送、储存、分析和应用用户用电信息，在实现双向计量、双向实时通信、需求侧响应以及用户用电信息采集技术的基础上，支持用户分布式电源和电动汽车接入与监控，实现智能电网与电力用户的双向互动。可以为供电公司在提升顾客服务、减少窃电、改善负荷预测、监控电能质量、管理停电事故以及支持价格响应型需求侧响应项目等方面创造价值。

6.3.6 政策建议

遵循公平合理的原则，倡导“谁收益、谁投资”，建立长效的需求侧响应激励机制。通过激励机制进一步调动用户参与积极性。按照“工业用户　大型商业用户—居民用户”的推广顺序，加快制定面向大型工商业用户的实施办法；远期将激励性响应从临时性、紧急性的举措逐渐转变为常态化、市场化的手段，汇集可观的小型用户需求侧响应资源。

持续推进储能产业发展。利用多种手段促进和引导储能产业自主创新，降低大规模储能应用成本；完善储能市场价格机制和商业模式，为储能发展提供良好的生产环境；加强规划统筹引导作用，实现储能产业上下游协调发展。

加快建设安全、可靠、绿色、高效的智能电网。大力发展智能计量技术、通信技术、智能用电设施以及智能负荷控制技术，进一步发挥电网资源配置平台作用，使电网具备柔性开放的接入能力和灵活的调节能力，适应“源一网一荷一储”互动运行模式的要求，充分挖掘需求侧资源潜力。

附　　录

附录A　南方五省区可再生能源电力消纳主体责任权重

省（区）	2020年总量消纳责任权重		2020年非水电消纳责任权重	
	最低目标	激励目标	最低目标	激励目标
广东	28.5%	32.0%	4.5%	5.0%
广西	39.5%	43.9%	7.0%	7.7%
云南	80.0%	89.0%	15.0%	16.5%
贵州	30.0%	33.3%	6.0%	6.6%
海南	13.5%	14.9%	6.5%	7.2%

附录 B 南方五省区 2016—2019 年风电、光伏监测预警结果

省区	2016 年		2017 年		2018 年		2019 年	
	风电	光伏	风电	光伏	风电	光伏	风电	光伏
广东	绿色	橙色	绿色	绿色	绿色	绿色	绿色	绿色
广西	绿色	绿色	绿色	绿色	绿色	绿色	绿色	绿色
云南	绿色	橙色	绿色	橙色	绿色	橙色	绿色	橙色
贵州	绿色	绿色	绿色	绿色	绿色	绿色	绿色	绿色
海南	绿色	橙色	绿色	橙色	绿色	橙色	绿色	绿色

附录C 南方五省区2020年风电、光伏发电新增消纳能力

省区	风电新增消纳能力（万 kW）	光伏发电新增消纳能力（万 kW）
广东	320	180
广西	200	100
云南	20	180
贵州	80	270
海南	0	10

附录D 2020年广东重点建设海上风电项目

序号	项目名称	装机容量（MW）	项目单位	建设地点
一	续建项目	**6278**		
1	三峡阳西沙扒海上风电一期项目	300	三峡集团	阳西县沙扒镇
2	中节能阳江南鹏岛海上风电项目	300	中节能	阳江市南鹏列岛
3	中广核阳江南鹏岛海上风电项目	400	中广核集团	阳江市东平镇
4	粤电阳江沙扒一期海上风电项目	300	广东省能源集团	阳西县沙扒镇
5	珠海金湾海上风电场	300	广东粤电公司	珠海市
6	中广核惠州港口一海上风电项目	400	中广核新能源有限公司	惠东县港口镇
7	汕尾后湖海上风电场项目	500	陆丰宝丽华风能开发有限公司	汕尾市湖东镇
8	粤电湛江外罗海上风电二期项目	200	广东省能源集团	徐闻县新寮岛
9	国家电投揭阳靖海海上风电场项目	150	国家电投集团	揭阳市
10	大唐南澳勒门Ⅰ海上风电项目	400	大唐汕头新能源有限公司	汕头市勒门列岛
11	三峡新能源阳西沙扒二期400MW海上风电场项目	400	三峡新能源有限公司	阳西县沙扒镇
12	湛江徐闻海上风电场项目	600	国家电投集团徐闻风力发电有限公司	湛江市锦和镇
13	中广核汕尾甲子一、二海上风电场项目	900	中广核汕尾新能源有限公司	汕尾市湖东镇
14	国家电投揭阳神泉一、二350MW海上风电场项目	750	国电电投集团广东电力有限公司	惠来县神泉县
15	珠海桂山海上风电场示范项目二期工程	78	南方海上风电联合开发有限公司	珠海市

续表

序号	项目名称	装机容量（MW）	项目单位	建设地点
16	明阳阳江沙扒科研示范项目	300	阳江明阳海上风电开发有限公司	阳江市
二	新开工	**1800**		
1	广东粤电湛江新寮海上风电项目	200	广东粤电曲界风力发电有限公司	湛江市新寮岛
2	中广核惠州港口二 PA/PB 海上风电场项目	600	中广核新能源（惠州）有限公司	惠州市
3	三峡广东阳江阳西沙扒三期 400MW、四期 300MW、五期 300MW 海上风电项目	1000	三峡新能源有限公司	阳西县沙扒镇
三	合计	**8078**		

附录E 广东省近海浅水区海上风电开工及建成并网时间

序号	项目名称	企业承诺的项目开工、全部机组建成并网时间		
		2020年底建成并网	2020年底开工建设	2021年底建成并网
1	珠海桂山海上风电场示范项目			√
2	广东粤电湛江外罗海上风电项目	√		
3	中广核阳江南鹏岛海上风电项目	√		
4	三峡新能源阳西沙扒300MW海上风电场项目	√		
5	粤电阳江沙扒海上风电项目		√	√
6	中节能阳江南鹏岛海上风电项目		√	√
7	珠海金湾海上风电场项目		√	√
8	汕尾后湖（500MW）海上风电场项目		√	√
9	广东粤电湛江外罗海上风电项目二期项目		√	√
10	华能汕头勒门（二）海上风电场项目		√	√
11	汕头市南澳洋东海上风电场项目		√	
12	三峡新能源阳西沙扒二期400MW海上风电场项目		√	√
13	大唐南澳勒门Ⅰ海上风电项目		√	√
14	国家电投揭阳神泉一海上风电场项目		√	√
15	国家电投揭阳神泉二海上风电场项目		√	√
16	国家电投揭阳靖海150MW海上风电场项目		√	√
17	中广核惠州港口一海上风电场项目		√	
18	珠海桂山海上风电场示范项目二期工程		√	√
19	三峡广东阳江阳西沙扒三、四、五期海上风电场项目		√	√

续表

序号	项目名称	企业承诺的项目开工、全部机组建成并网时间		
		2020年底建成并网	2020年底开工建设	2021年底建成并网
20	中广核汕尾甲子一、二海上风电场项目		√	√
21	明阳阳江沙扒300MW科研示范项目		√	√
22	湛江徐闻海上风电场项目		√	√
23	广东粤电湛江新寮海上风电项目		√	√
24	中广核惠州港口二PA、PB海上风电场项目		√	
25	三峡汕头海门（场址一）海上风电场项目		√	
26	华能汕头海门（场址二、三）海上风电场项目		√	√

附录 F　2015—2020 年风电、光伏发电上网电价变化情况

单位：元/(kW·h)(含税)

时间	陆上风电				海上风电		光伏发电			分布式光伏补贴标准	文号	政策名称
	Ⅰ类	Ⅱ类	Ⅲ类	Ⅳ类	近海	潮间带	Ⅰ类	Ⅱ类	Ⅲ类			
2015 年	0.49	0.52	0.56	0.61	0.85	0.75	0.90	0.95	1.0	0.42	发改价格〔2013〕1638 号 发改价格〔2014〕3008 号 发改价格〔2014〕1216 号	国家发改委关于发挥价格杠杆作用促进光伏产业健康发展的通知 国家发展改革委关于适当调整陆上风电标杆上网电价的通知 国家发展改革委关于海上风电上网电价政策的通知
2016 年	0.47	0.50	0.54	0.60	同上	同上	0.80	0.88	0.98	0.42(自发自用、余电上网)参照常规光伏(全额上网)	发改价格〔2015〕3044 号	国家发展改革委关于完善陆上风电光伏发电上网标杆电价政策的通知
2017 年	同上	同上	同上	同上	同上	同上	0.65	0.75	0.85	同上	发改价格〔2016〕2729 号	国家发展改革委关于调整光伏发电陆上风电标杆上网电价的通知

续表

时间	陆上风电				海上风电		光伏发电			分布式光伏补贴标准	文号	政策名称
	Ⅰ类	Ⅱ类	Ⅲ类	Ⅳ类	近海	潮间带	Ⅰ类	Ⅱ类	Ⅲ类			
2018年	0.40	0.45	0.49	0.57	同上	同上	0.55（5.30之前） 0.50（5.30之后） 0.65（村级扶贫）	0.65（5.30之前） 0.60（5.30之后） 0.75（村级扶贫）	0.75（5.30之前） 0.70（5.30之后） 0.85（村级扶贫）	0.37（自发自用、余电上网）（5.31之前） 0.32（自发自用、余电上网）（5.31之后） 参照常规光伏（全额上网） 0.42（扶贫）	发改价格规〔2017〕2196号 发改能源〔2018〕823号	国家发展改革委关于2018年光伏发电项目价格政策的通知 国家发展改革委 财政部 国家能源局关于2018年光伏发电有关事项的通知
2019年	0.34	0.39	0.43	0.52	0.8	参照所在资源区陆上风电	0.40 0.65（村级扶贫）	0.45 0.75（村级扶贫）	0.55 0.85（村级扶贫）	0.10（自发自用、余电上网的工商业分布式）参照常规光伏（全额上网的工商业分布式） 0.18（自发自用、余量上网/全额上网的户用分布式）	发改价格〔2019〕761号 发改价格〔2019〕882号	国家发展改革委关于完善光伏发电上网电价机制有关问题的通知 国家发展改革委关于完善风电上网电价政策的通知
2020年	0.29	0.34	0.38	0.47	0.75	同上	0.35 0.65（村级扶贫）	0.4 0.75（村级扶贫）	0.49 0.85（村级扶贫）	0.05（自发自用、余电上网的工商业分布式）参照常规光伏（全额上网的工商业分布式）0.08（自发自用、余量上网/全额上网的户用分布式）	发改价格〔2020〕511号	国家发展改革委关于2020年光伏发电上网电价政策有关事项的通知

附录 G　我国需求侧响应相关政策

时间	政策文件	主要内容
2010 年 11 月	电力需求侧管理办法	确定了电力需求侧管理的定义，明确了电力需求侧管理工作的责任主体和实施主体，提出了电力需求侧管理工作的十六项管理措施和激励措施
2011 年 11 月	电网企业实施电力需求侧管理目标责任考核方案（试行）	将实施电力需求侧管理目标纳入电网企业责任考核方案，确保实现《电力需求侧管理办法》规定的电力电量节约指标
2012 年 7 月	电力需求侧管理城市综合试点工作中央财政奖励资金管理暂行办法	中央财政安排专项资金，按实施效果对以城市为单位开展电力需求侧管理综合试点工作给予适当奖励，首次提出对通过需求响应临时性减少的高峰电力负荷给予 100 元/kW 的奖励
2012 年 10 月	关于公示电力需求侧管理城市综合试点工作首批试点城市名单的通知	确定首批电力需求侧管理试点城市：北京、苏州、唐山、佛山
2014 年 4 月	关于做好国家电力需求侧管理平台建设和应用工作的通知	国家电力需求侧管理平台建设完成，7 月底正式上线，为后面开展需求侧响应奠定平台基础
2014 年 6 月	能源发展战略行动计划（2014—2020 年）	加强能源需求侧管理，推进能源消费革命
2015 年 3 月	关于进一步深化电力体制改革的若干意见	电改 9 号文件，更重视节能减排，提出调用需求侧响应为清洁能源发电提供辅助服务，并积极开展需求侧管理和能效管理，实施需求侧响应，促进供需平衡和节能减排
2015 年 3 月	关于改善电力运行调节促进清洁能源多发满发的指导意见	提出加强电力需求侧管理，鼓励电力用户参与调峰调频，促进多消纳清洁能源。加快电力需求侧管理平台开发建设，积极尝试开展需求侧响应
2015 年 4 月	关于完善电力应急机制做好电力需求侧管理城市综合试点工作的通知	令北京、河北、江苏、广东、上海试点加强电力需求侧管理，建设电力需求侧管理平台等技术支撑，组织实施需求侧响应，完善电力应急机制，发挥试点示范作用

续表

时间	政策文件	主要内容
2015 年 7 月	关于促进智能电网发展的指导意见	提出强化电力需求侧管理，引导和服务用户互动，推广区域性自动需求侧响应系统及虚拟电厂定制化工程方案。加快电力需求侧管理平台建设，建立健全需求侧响应工作机制和交易规则，鼓励用户参与需求侧响应
2016 年 2 月	关于推进“互联网＋”智慧能源发展的指导意见	指出加强电力需求侧管理，探索电力需求响应新模式
2017 年 3 月	关于有序放开发用电计划的通知	明确提出逐步形成占最大用电负荷 3%左右的需求侧机动调峰容量
2017 年 9 月	关于深入推进供给侧结构性改革做好新形势下电力需求侧管理工作的通知	修订《电力需求侧管理办法》，扩大参与市场主体和实施范围，运用现代信息技术实施需求侧响应
2018 年 6 月	关于做好 2018 年迎峰度夏期间煤电油气运保障工作的通知	要求用户侧加强电力需求侧管理，建立和完善需求侧响应机制，努力形成占本地最高用电负荷 3%左右的需求侧响应能力
2018 年 10 月	清洁能源消纳行动计划（2018－2020 年）	提出推动电力需求响应规模化发展，鼓励大工业负荷参加辅助服务市场，发挥价格敏感型高载能负荷的灵活用电潜力，消纳波动性可再生能源。加快出台需求侧响应激励机制，培育需求侧响应聚合服务商等新兴市场主体，释放居民、商业和一般工商业负荷的用电弹性，将电力需求侧资源纳入电力市场
2018 年 11 月	关于印发电力市场运营系统现货交易和现货结算功能指南（试行）的通知	提出了明确的需求侧响应结算要求
2019 年 7 月	工业领域电力需求侧管理工作指南	指导工业领域实施电力需求侧管理工作，使工业企业优化用电结构、调整用电方式、优化电力资源配置，促进工业转型升级

参　考　文　献

[1] 国网能源研究院有限公司．中国新能源发电分析报告 2019 [R]. 北京：中国电力出版社，2019.

[2] 水电水利规划设计总院．中国可再生能源发展报告 2018 [R]. 北京：中国水利水电出版社，2019.

[3] 中国电力企业联合会．中国电力行业年度发展报告 2020 [R]. 北京：中国建材工业出版社，2020.

[4] 中国光伏行业协会，赛迪智库集成电路研究所．中国光伏产业发展路线图（2019 年版）[R]. 北京：中国光伏行业协会，2020.

[5] IRENA，Renewable Capacity Statistics 2020 [R]. Abu Dhabi：International Renewable Energy Agency ，2020.

[6] IRENA，Renewable Power Generation Costs in 2019 [R]. Abu Dhabi：International Renewable Energy Agency，2020.